JN439423

세월을 낚다

현 대 수 필 가 1 0 0 인 선 · 54

세월을 낚다

한형주 수필선

좋은수필사

■ 책머리에

수필은 누구나 부담 없이 읽고, 마음만 먹으면 직접 쓸 수도 있는 가장 친근한 문학이다. 다른 영역의 문학이 영상매체에 밀려 신음하고 있는 중에도 수필 인구만은 날로 증가하여 바야흐로 수필 전성시대를 구가하고 있는 이유도 거기에 있을 것이다.

시대적 추세에 힘입어 수많은 수필전문지, 수필동인지가 창간되고, 이에 비례하여 신진 수필가도 날로 늘어나다 보니 이제는 그 많은 작가, 그 많은 작품 중에서 문학성 높은 작품을 가려 읽는 일이 쉽지 않게 되었다. 이런 현상은 작가에게나 독자에게나 결코 바람직한 일이 아니다. 더 나아가서는 수필을 연구하는 후세들에게도 큰 부담이 될 것이다.

이런 문제를 해결하는 데는 출판인도 마땅히 한몫을 감당해야 한다는 평소의 소신에 따라, 본사가 기꺼이 그 역할을 맡기로 했다. 그 첫 번째 사업으로 시대를 대표할 만한 수필가 100인을 선정하고, 작가가 자선한 40편 내외의 작품을 수록한 문고본을 발간하여 이를 널리 보급함으로써 그 소임을 다하고자 한다.

본사는 사명감을 가지고 이 사업을 추진해 나가기로 했다. 작가 선정을 전담할 편집위원회를 구성하고 전권을 위임하여 일체의 사적인 정실이나 청탁을 배제함으로써 전문성과 공

정성을 확보해 나갈 것이다.

따라서 이 기획물 속에는 작가의 문학정신뿐만 아니라, 본사의 문학사적 기여 의지와 편집위원 제위의 수필문학에 대한 애정과 문인으로서의 양심이 함께 담겨 있음을 자부한다. 다만, 작가를 선정하는 기준에는 많은 견해의 차이가 있을 수 있고, 선정 과정에서도 미처 챙기지 못한 부분이 있을 것이라는 사실만은 인정하지 않을 수 없다. 이 점에 대해서는 관계자 여러분의 양해 있으시기 바란다.

이 시리즈의 발간 순서는 작가, 또는 본사의 사정에 의한 것일 뿐 그 밖의 어떤 기준도 적용하지 않았음을 밝힌다.

본 기획물이 시대를 초월한 많은 수필 애호가들의 관심과 애정 속에 우리나라 수필문학 발전에 한 이정표가 되기를 바랄 뿐이다.

2009년 5월

좋은수필 발행인 서 정 환

현대수필가 100인선 간행 편집위원 박 재 식 최 병 호

정 진 권 강 호 형

변 해 명

1_부 세월을 낚다

2_부

3_부

4_부

파도타기

너의 훈장勳章

시드니의 오페라하우스

눈물

고별의 경적警笛

준이 엄마

땅끝의 저녁 노을

세월을 낚다

인생은 아름다워

파도타기

파도타기라는 해양海洋 스포츠가 하와이 해변에서 성행하고 있음은 잘 알려진 사실이다. 그러나 근래에 바다가 아닌 운동경기장에서 파도타기라는 이름이 붙여진 이색적인 응원 모습을 볼 수 있게 되었다. 그 명칭과 내용이 흥미로워서 신선한 느낌도 받았다.

스탠드를 메운 관객들이 좌측에서 우측으로 절도 있게 일제히 벌떡 일어서서 만세 부르는 자세를 취하곤 즉시 제자리에 앉는다. 모든 참가자가 합심하여 동작을 차례로 연출하면, 넓은 경기장에는 인파의 물결이 일고 파도타기는 멋진 작품이 될 수 있다. 하는 사람도 신이 나서 만면희색이고 보는 사람도 덩달아 흥이 난다. 경기장 전체에 흥분과 활기가 일고, 울려 퍼지는 응원가나 북치는 소리가 요란하면 분위기는 한결 고조

된다. TV 화면에서 보고 있노라면 나도 그 속에 몸담고 있으면 즐겁겠다는 엉뚱한 생각에 잠길 때도 있었다.

요즘 의약분업 문제로 사회가 대단히 시끄러워졌다. 나는 의사로서 소신에 따라 동료 의사들과 행동을 함께 하였다. 부득이 휴진休診할 때는 하고, 참석할 모임이 있으면 기꺼이 참석하였다.

우리들에게 닥친 불행한 현안들을 젊은 후배 의사들에게만 맡기고 팔짱끼고 보고 있을 수가 없어서이다.

어느 전국적인 의사들의 궐기대회에서 겪은 일이다. 집합 시간에 맞추어 모임 장소에 도착하였다. 안면이 있는 70대 노의사老醫師 셋이 인파에 섞여 나란히 앉았다.

식순에 따라 대회는 진행되고 차츰 장내 분위기가 고조되더니 드디어 지난날 내가 흥미를 느꼈던 파도타기가 시작되었다. 뜻밖이어서 마음도 들떴다.

확성기에서 지휘하는 구령에 따라 구호를 외치고, 우~소리가 들려오면서 우측으로부터 파도가 일기 시작하고, 그 파도는 순식간에 우리에게 밀려온다. 나는 몰려오는 파도를 잘 타기 위해 준비 자세를 취하고 시기를 놓칠세라 힘차게 일어나서 구호를 외치며 만세 동작을 취하곤 털썩 주저앉았다. 처음 파도는 얼떨결에 제대로 탈 수 있었다. 그러나 두 번째 파도가 밀려오면서 벌떡 일어서는데 은근히 부담이 갔다. 그래도 우리 셋은 간신히 주변과 호흡을 맞출 수가 있었다. 다행스럽다고 느끼며 서로 안도의 눈맞춤을 하였다. 드디어 세 번째 파도타기가 시작되었다. 그러자 셋 중의 연장자 김선생이 "애고! 애고!" 소리지르며 억지로 일어서려다 주저앉고 말았다. 그 다음 파도에는 박선생이 균형을 잃고 휘청거리며 주저앉고 너털웃음을 짓는다. 나도 일어설 때 하체에 힘이 딸려 "얍!" 하는 기합 소리가 저절로 나오면서 만세 동작과 함께 털썩 좌석에 주저앉았다. 그 다음부터 셋은 앉은자리에서 엉덩이를 겨우 들었다 놓았다 하며 파도가 올 때마다 어설픈 만세 동작을 연출하고 있었으니, 그 모습은 항복하는 패잔병의 몰골이라 하겠다.

그렇게 되니, 파도타기도 우리 차례에 와서 균형이 깨지는 느낌을 받았다. 명색이 의기양양, 의협심에 불타는 궐기대회 참석자인데 그 기개는 어디 가고 체면이 말이 아니다. 셋은 서로 계면쩍어서 서글픈 웃음만 짓고 있었다. 무릎도 아프거니와 다리에 힘이 딸리고, 마음은 앞서가는데 몸이 따르지 못함을 어이하랴. 우리는 서로의 초라한 모습에서 새삼 흐르는 세월을 실감하였다. 다음부터는 궐기대회가 있어도 주제넘게 참석하는 것은 삼가야겠다고 동병상련同病相憐의 정이 담긴 말을 건네면서 다짐하였다.

그 후 며칠이 지나서 나는 미루어왔던 이산가족 생사 확인 신청서를 당국에 제출하였다. 파도타기도 제대로 못하는 처지에 더 늦기 전에 지체할 수 없다는 절박한 마음이 들어서이다.

생존하셨으면 103세와 97세가 되실 부모님과의 상봉은 기대할 수가 없고, 76세의 형님과 70세의 누이동생 그리고 67세가 되었을 막내동생의 얼굴이 그립게 다가온다. 더 늙기 전에 그들과 만나 안아보고 어루만지고 마음껏 울어보고 싶은 마음이 상봉을 신청한 다음부터 더욱 간절해졌다.

길 아래 두 돌부처 벗고 굶고 마주서서
바람비 눈서리를 일 년 내 맞을 망정
평생에 이별이 없으니 그를 좋아하노라

송강松江 정철鄭澈의 〈이별〉에 대한 아름다운 시조다.

대학 예과豫科 시절 국문학 강좌 시간에 가람 이병기李秉岐 선생께서 이 시조를 특별히 흑판에 옮기시고 열강하셨다. 나는 그날부터 오늘에 이르기까지 이 시조를 가슴속에 깊이 새기고 때에 따라 되새기고 있다.

이제 가을도 깊어간다. 논에는 볏가리도 끝나간다. 텅 빈 논 가운데 홀로 서 있는 허수아비가 더욱 외로워 보이는 계절이다. 북녘 하늘에서 날아오는 기러기 떼는 새삼 그곳에 살고 있는 그리운 얼굴들을 떠오르게 한다. 모습이 어떻게 변했을까……?

머지않아 송년 모임도 있게 되고 뒤따라 신년이 올 것이다.

새해에는 마음속에 노인을 받아들이는 여유와 낙천성을 갖고 살아갈 것이다. 차분한 마음으로 나의 혈육 상봉의 꿈이 이루어지는 그날을 기다릴 것이다.

(2001)

너의 훈장勳章

X선 사진을 판독대判讀臺에 꽂고 김 박사와 나는 구석구석을 눈으로 더듬고 있었다. 자세히 살펴도 별다른 이상을 발견하지 못하자, 김 박사는 실눈을 짓더니 입가에 미소를 담으면서 사진의 좌측상흉부左側上胸部를 가리킨다.

나도 그 곳을 힐끔 쳐다보고는 시선을 마주하고 의미있는 웃음을 던졌다.

그 곳에는 내가 과거에 폐결핵을 앓고 나은 흔적이 석회화石灰化되어서 검은 바탕에 흰 음영으로 희미하게 남아 있었다.

내가 오늘 김 박사의 X선과 진료실을 찾은 것은 한 달간의 미국 여행을 앞두고 다시 한 번 나의 가슴 속을 점검하기 위해서였다.

나는 1952년 2월, 스물다섯 살의 나이에 6 · 25의 소용돌이를 겪으며 부산 전시연합대학의 가교사에서 의과대학을 졸업했다.

졸업과 동시에 군의관 육군 중위로 현지 임관되어 곧바로 일선 사단에 배치되면서, 그 후 8년에 가까운 젊은 세월을 청진기와 더불어 종군하게 되었다.

양수리兩水里의 59육군병원, 북한강 기슭에 한 무더기 숲이 있었고, 그 속에 몇 채의 부속건물과 야전용 천막이 그런 대로 조화를 이룬 곳이었다.

내가 이곳에서 부임되어 처음 맡은 병실은 결핵병실과 중환자실, 그리고 정신신경과 병실이었다.

이 세상의 병치고 좋은 병과 나쁜 병의 차이는 있을 수 없겠으나, 그래도 의과대학을 졸업하고 제대로 임상수련을 쌓지 못한 나에게는 이곳에서 상대하는 병들이 너무나 가혹하리 만큼 힘겨운 상대였다. 그렇다고 마다할 수도 없고 주저앉을 수도 없고 또 어디에 의지할 곳도 없었으니, 좋든 싫든 나는 그 시대의 나의 선배들이 걸은 길에 외로움을 달래면서 허리띠를 졸라매고 뛰어들었다.

매일같이 응급환자가 속출하는 병실을, 전염 병균이 우글거리는 곳을, 또 망상과 불안과 공포에 지남력指南力을 잃은 젊은이들로 가득 찬 천막 속을, 나는 이리 뛰고 저리 뛰어야만 했다.

처음에는 당황하고 고달파서 이곳에 온 것을 후회하기도 하였다. 후송병원의 엉성한 시설과 장비가 마땅치 않을 뿐더러 그 많은 중환자들을 의사라곤 나 혼자서 진료해야만 하는 어처구니없는 현실이 너무 기가 막혀서 분노마저 치밀었다. 그러나 소용없는 일, 나는 자주 강가에 나가 흐르는 북한강의 강물을 쳐다보면서 나의 몸과 마음을 식히곤 하였다.

그렇게 얼마간 지나는 사이에 나의 임상 경험은 쌓여 가고, 나는 나도 몰래 오랜 군생활 중에 전진戰塵에 파묻혀서 까맣게 잊었던 나의 값어치를 깨닫게 되었다.

아마도 그것은 젊은 나이에 고향과 부모 형제를 떠나서 전쟁터에 나왔다가, 모진 질병에 걸리고도 간호나 진료를 제대로 받지 못하고 생사의 갈림길을 외롭게 헤매는 병상의 그 선량한 눈빛들이 나를 일깨워주었기 때문인지도 모른다.

나는 병실 속의 악취가 역겹게 느껴지지 않았으며 결핵의 전염이 조금도 두렵지가 않았다. 환자들이 느낄 소외감이나 거리감을 꺼려서 병실에서 마스크도 사용치 않았다.

마음으로부터 우러나오는 진료를 하니 치다꺼리가 많아서 자연 그곳에 머무는 시간도 길어졌으며, 중환자의 고향 집에 편지를 대필한 기억도 있다.

밤이면 새로 대하는 임상臨床 예를 놓고 책과 병상일지를 뒤지며, 혼자서 지도 교수가 되고, 혼자서 인턴 레지던트가 되어서 공부하고, 이튿날 출근과 동시에 약제실을 뒤지고는 눈동자가 흐려진 환자들을 대했다.

나는 많은 젊은 생명을 사경에서 회생시켜 후방의 육군병원으로 후송시켰다. 그러나 또 한편으로는 한숨지으며 젊은이의 사망진단서를 써야 할 때도 있었다.

병든 아들을 면회하러 온 두메산골의 어느 어머니의 보따리 속에 귀중하게 꿍쳐 온 굳은 떡덩어리를 난롯가에 마주앉아 구워 먹던 일을 나는 잊지 못하고 지금도 나의 마음속에 소중히 간직하고 있다.

나는 1960년 2월에 군에서 제대하고 모교에 돌아와 대학원에 적을 두고 박사과정을 밟게 되었다. 대학 병원의 환자를 지도교수와 함께 회진하면서 나는 다시 양수리 육군병원 시절이 고맙게만 느껴졌다. 그것은 대학병원에서 보는 임상례臨床例 중에서 내가 과거 양수리에서 보지 못한 병이 거의 없을 정도로 나의 임상 경력이 다져져 있다는 사실을 알았기 때문이다.

그래서 얼마 안 가 그간 품었던 임상의 의문들을 모교에 와서 시원스레 풀 수 있었으며, 사회에 돌아와서도 의사로서 빠른 적응을 할 수 있었다.

개인병원을 개업하고 연구생활에 열중하다 보니 심신의 피로가 겹치는 날이 많았다. 식욕이 떨어지고 체중이 감소되어 안색이 말이 아니다.

20대의 어린 아기 어머니가 갓난아이를 앞에 안고 진찰받으면서 "할아버지(?)가 병을 잘 고쳐 주신단다. 울지마라. 어꾸어꾸." 하며 우는 아기를 달랬는데, 그때 내 나이는 할아버지 근처에도 가지 않은 30대 후반이었다.

아무리 보아도 나 자신, 나의 안색이 심상치 않고 양수리의 폐결핵 병실이 자꾸 머리에 떠올라서 하루는 대학 동기同期인 X선과 김 박사를 찾아갔었다.

X선 촬영 결과는 좌측 상흉부에 폐결핵 초기 증상이 나타났다.

바로 사람들이 장하게 훈장을 다는 가슴 그 자리 깊숙한 곳에 나는 흉한 폐결핵을 달았다.

그 후 나는 열심히 치료를 하여 일 년이 걸려서 완치시켰다.

이 석회화 자국은 나의 가슴 속에 영원히 남는 자국이며, 나는 이 쓰라린 자국을 얻기 위해 양수리에서 젊은 의사 시절을 올바르게 불태웠는지도 모른다.

나는 때에 따라 X광선으로 이 석회화 자국을 확인할 때마다 왜 그런지 서글퍼지려는 나의 마음을 향하여,

'이것은 다시 돌아올 수 없는 너의 보람찬 젊은 시절의 떳떳한 훈장'이라고 자랑스럽게 타이른다.

(1981)

시드니의 오페라하우스

비행기가 시드니 공항에 착륙하였다.

승객은 자리를 뜨지 말고 앉아있으라는 기내機內 방송이 있더니 코 밑에 수염을 기른 한 젊은이가 나타나서 분무식 살충제를 한바탕 머리 위로 뿌리면서 복도를 지나갔다.

처음 이런 대접을 받은 나는 어리둥절하였다. 그 동안 수많은 나라를 둘러보아도 이런 일을 당해 본 기억이 없었다.

그러나 지구상에서 가장 외진 지역으로 평화스럽기가 그지없고, 더러운 병균에 오염되지 않은 깨끗한 남태평양에 왔다고 생각을 돌릴 때, 과연 나를 공해나 병균이나 해충을 묻혀오는 운반체나 매개체로 보아도 할 말이 없다고 가볍게 체념이 갔다.

1983년 10월 나는 남태평양을 여행하였다. 계획에 따라 야지수 그늘과 산호의 바다로 이름난 '피지'를 돌아보고, 목장의 나라 '뉴질랜드'를 거쳐 캥거루와 코알라의 나라 '오스트레일리아'로 발길을 돌린 것이다.

대체적으로 남태평양 여행에서 받은 인상은 한마디로 목가적牧歌的이라고 표현하고 싶다.

그 곳에는 과거에 큰 전쟁을 직접 겪어 보지 못한 데서 오는 평화스러움이 있었고, 넓고 아름다운 대자연 속에서 살아오면서 얻은 부드러운 여유가 엿보여서 부러웠다.

그와 같은 인상은 특히 그 곳 사람들의 구김없는 얼굴표정과 큰 웃음소리에서 더욱 느낀다고 말할 수 있겠다.

그 지방을 왕래하는 비행기 속의 분위기도, 격식을 차리고 딱딱한 인상을 받는 미국이나 구라파와는 다르게 떠들썩하고 명랑하여, 어느 낯익은 사람들의 친목단체나 학생들의 수학여행 때 느끼는 밝은 인상을 받게 된다.

이것은 남태평양에서 받은 나의 가장 강렬한 인상이었다.

세계에서 가장 아름다운 항구를 꼽을 때 언제나 시드니는 몇 손가락 안에 들게 되어 있다.

보는 사람에 따라 다르겠으나 세계 3대 미항美港으로 3S라 하여 시드니, 샌프란시스코, 싱가폴을 거론하는 사람도 있고 기타 나포리 또는 브라질의 리오데자네이로를 손꼽는 사람도 있다.

그러나 그 중에서 나포리만은 나에게 실망을 안겨 주었다.

나포리는 이태리 칸소네 음악을 통해 우리들 가슴에 정겹게 파고든 꿈의 항구라 할 수도 있다. 그러나 실제 그 곳을 찾았을 때 기대가 너무나 커서 그랬던지 나는 크게 실망하고 말았다.

그저 평범한 항구로 보였으니 말이다.

거기에 비하면 시드니는 과연 아름다운 항구라고 감탄이 간다.

시드니 항구에서 유람선을 타면 바다도 아름답고 주변의 경관도 비할 데 없이 수려하다. 한참 가다 보면 어디까지가 바다고 어디가 강이고 어디가 수로인지 분간할 수 없다. 그만큼 지형이 복잡하고 변화가 많고 아름답다. 여기저기에 멋이 있는 다리가 놓여 있고, 주변의 언덕이나 건물들이 차분히 조화를 이루고 있다. 또 바다에는 흰색의 요트들이 아름다움을 더욱 수놓고 있다. 문득 여기가 바로 지구상에서 유일한 낙원지대가 아니겠느냐 하는 생각이 머리를 스쳐 간다. 특히 멀리서 또는 가까이서 눈에 들어오는 바닷가의 오페라하우스의 신비스런 모습에서 더욱 그런 느낌을 받는다.

서구의 대도시에는 거의 오페라하우스가 있다. 뉴욕 링컨센터의 오페라하우스를 위시하여, 파리에도 도심에 어엿이 존재하고, 이태리에는 오페라의 본고장답게 몇 군데 중소도시에도 존재한다. 그뿐만이 아니고 중남미의 멕시코시나 시드니에도 오페라하우스는 있다. 서구인의 발이 닿는 곳에는 그들의 화려한 문화생활의 상징처럼 호화로운 오페라하우스가 따라다닌다. 또 대부분의 오페라하우스는 거의 비슷한 건축양식을 하고 있어서 한눈에 알아볼 수 있는 경우가 많다.

그러나 시드니의 오페라하우스는 우선 건축양식이 특이하고, 바닷가의 입지조건이 유별나서 단연 지나가는 나그네의 마음을 사로잡는다.

그 건물 모양은 세계 어디서나 볼 수 없는 특이한 것으로서 커다랗고 흰 조개껍질 몇 개가 땅에서 솟아난 것도 같고, 어떻게 보면 흰 목련꽃이 비스듬히 땅 위에 피어 있는 것도 같다. 특히 밤에 사방에서 아름답게 조명을 받은 오페라하우스의 모습은, 바닷물에 물그림자까지 던져서 그 우아함이 이를 데 없다.

어느 스페인 건축가의 설계로 이루어졌다 하는데, 실제로 시공하는 과정에서 경비상의 많은 차질을 빚어 시드니 시市의 예산 부족으로 예기치 않게 오랜 시일 지연되었다 한다.

난산難産만큼 값을 지녀서 이제는 시드니의 명물로 등장하여 마치 파리의 에펠탑처럼 상징적 존재로 군림하게 되었다.

나는 오페라를 대단히 좋아한다. 따라서 우리나라에서 상연된 오페라는 대부분 관람하였다.

이와 같은 나의 오페라에 대한 애착이 해외여행 때 마음속에 발동하여 가는 곳마다 그 곳 오페라하우스 앞에서 일단 서성거리는 버릇이 생겼다.

그곳 오페라하우스의 관람권은 벌써 두 달이나 석 달 전에 예매가 끝나서, 나 같은 뜨내기로서는 관람이 불가능하다는 사실을 알면서도 말이다.

그간 빌다시피 사정하여 나포리에서 겨우 오페라하우스 내부 구경을 아침 한가한 시간에 한 번 해본 것이 고작이었다.

그 날은 화창한 날씨였다.

시드니의 오페라하우스를 밖에서 여기저기 돌아보고 출입구인 현관에 다달았다. 발길을 돌리려는 찰라, 그저 한 마디 가볍게 그 곳의 직원처럼 보이는 인상 좋은 중년신사에게 말을 건넸다.

"안녕하시오! 오페라하우스가 참 아름답습니다. 오늘 저녁 공연은 무엇인가요?"

"안녕하세요! 어느 나라에서 오셨어요?"

"한국사람입니다."

"잘 오셨습니다. 오늘 저녁에는 '돈 죠반니'가 공연됩니다."

"좋은 오페라를 공연합니다. 관람하고 싶군요."

부러운 마음으로 그냥 한 마디 던졌다.

"그래요! 마침 표가 몇 장 있는데 관람하시지요. 배역들도 좋습니다."

아마도 예약을 취소한 몇 장의 표가 우리를 기다리고 있었던 것 같다.

생각지도 않던 행운을 잡은 나는 즉석에서 일인당 35불을 주고 두 장의 표를 샀다. 오랜 숙원을 풀게 되었다.

그날 저녁 향수鄕愁내음이 진동하는 시드니 오페라하우스 일층 중간 좌석에 나와 아내가 가지런히 앉아 있었다.

있는 대로 성장盛裝한 듯이 보이는 화려한 복장의 그곳 사람들과는 대조적으로 우리들은 초라한 여행자의 복장으로 숨을 죽이고 있었다.

나의 마음은 들려오는 아름다운 음악을 타고 한없이 나래를 펴서 황홀하고 즐겁기만 하였다.

(1985)

눈물

어머니는 함흥에서 서북으로 삼십 리, 부전고원으로 올라가는 길목이 작은 마을 주북州北에서 태어나셨다.

일남삼녀 중 둘째딸이며 성격이 좋고 얼굴이 예쁜 데다 키가 자그마하고 건강하여서, 어려서 외가의 어른들이 매끈함이 싯돌(칼 가는 숫돌의 사투리)과 같다 하여 이름을 이싯돌李時突이라 지어 주셨다고 한다.

그 옛날 우리나라 개화기의 최고 학부인 경성의학전문학교를 나오신 멋쟁이 아버지의 마흔일곱 번째 선을 본 상대자로 언문을 겨우 읽는 학식인데도 당당히 눈에 들어서 하이칼라 신랑의 신부가 되었다.

어머니는 혼례를 치르고 삼수갑산의 공의公醫로 재직하는 아버지를 따라 그곳으로 가실 때, 마차와 비슷한 초창기의 자동차로 달구지길을 덜컹거리며 며칠을 여행한 신혼여행을 일생 두고 잊지 못하여 우리들에게 가끔 되새기곤 하셨다. 길옆에는 이름모를 꽃들이 만발하고, 새들이 지저귀며, 더욱이 하늘을 찌를 듯 치솟은 황초령黃草嶺을 넘을 때의 감격, 그리고 그 영嶺 위에 펼쳐진 고원의 대자연을 대하였을 때의 벅찬 환희는, 아마도 신혼의 들뜬 마음에다 꽃다운 열여덟의 청춘에 미지의 세계로 발을 디딘 희열까지 겹쳐서 무한히 행복하셨을 것으로 짐작이 간다.

시집와서 삼남이녀의 어머니가 되시고, 경제적으로도 그런대로 넉넉한 살림의 주부가 되어서, 유행의 첨단을 걷는 남편을 따라 겨울이면 삼방의 스키장에 다니고, 여름이면 송동원 명사십리 해수욕, 꽃철에는 서울의 창경원을 돌아보고, 테니스 구경에 당구장 구경까지 곁들였으니, 어머니는 차茶를 끓이는 법에도 익숙해지고, 제법 모양도 내셔서 누구에게나 미인이라는, 여성으로서는 가장 소중한 칭찬도 들으셨다.

밤이면 ≪그 여자의 일생(李光洙작)≫을 틈나는 대로 소리내서 떠듬떠듬 읽으시며 한없이 서럽게 눈물지으시던 모습이 눈에 선하다.

젊어서 한때, 아버지가 바람을 피우셔서 어머니의 속을 무던히도 썩힌 때가 있었는데, 그 무렵의 어머니의 가련한 모습이다.

나는 열여덟에 해방을 맞고, 동시에 당신 월남하여 서울의 대 예과에 입학하여 때에 따라서 자취생활, 하숙생활을 하며 학교에 다녔다.

열아홉 살 되던 어느 날, 꿈에도 그리던 어머니가 38선을 넘어 어느 장사꾼의 뒤를 따라 폐결핵에 걸려서 여윌 대로 여윈 누님을 데리고 서울로 오셨다.

소문에 듣자니 남한에는 미군이 주둔하고, 미군들이 갖고 있는 주사약을 몇 대만 맞으면 폐결핵은 쉽게 낫는다는 이야기를 들으시고 구세주를 만나듯 만난萬難을 무릅쓰고 내려오셨다는 것이다. '스트렙트마이신' 이야기다. 물론 이 주사는 폐결핵에 탁월한 효과가 있으나 몇 대의 주사로 폐결핵은 낫는 병이 아니다. 더욱이 그 시절에 이 주사의 약값은 지극히 비싸서 아마도 요즈음의 돈으로 환산하면 한 대에 몇만 원은 되었다고 생각된다. 결국 갖고 온 돈은 떨어지고 누님의 병세는 일진일퇴하던 끝에 서울대학병원 내과에 입원한 지 얼마 안 가서 세상을 뜨셨다.

비통함에 몸을 가누지 못하는 어머니를 부축하여 외로운 모자母子는 망우리 묘지에 누님을 모시고 자취하는 집에 돌아왔다. 그 다음 날부터 어찌된 일인지 나는 맹장염에 걸리고, 경황이 없는 어머니는 수술을 받은 나의 옆에서 병간호에 시달리시게 되었다. 밤이면 병원 옥상에 올라가 혼자 눈물을 흘리시며 기도하고 내려오시는 모습을 병상에 누워 모르는 체 엿보곤 나도 울었다.

어머니가 떠나시던 날의 그 모습은 두고두고 나에게 눈물을 안겨 주었다.

북으로 가는 기차, 그 기차는 북으로 간다지만 고향인 함흥까지는 가지 못하고 고작 동두천이 종착역이다. 곧 모든 가족과 함께 다시 남하한다고 굳게 약속하시고 열차의 마지막 꽁무니에 오르시던 어머니, 양복지 저고리에 검정 몸빼를 입으시고 손에는 아무것도 든 것이 없는 초라한 모습. 손수건으로 얼굴을 가리고 우시기만 하시던 어머니. 딸자식의 병을 치료한다고 그 위험한 38선을 넘어와서 딸을 망우리에 묻고 떠나는 어머니. 대학 다닌다고 자랑스럽게 여기던 아들의 병간호를 하고, 회복도 제대로 되지 않은 것을 자취방에 버리고 떠나지 않을 수 없는 슬픈 어머니.

기차는 떠나가고, 내가 본 어머니의 마지막 모습은 너무나 슬프기만 하다.

지난 해 여름방학 8 · 15를 끼고 고등학교 2학년이 되는 딸자식을 데리고 나와 아내는 2박 3일로 동해안에 다녀왔다.

호텔의 식당에 점심식사하러 들어가 가벼운 식사를 끝내고 커피를 마시다가 우연히 8 · 15해방에 관한 이야기가 나오고, 그러다 보니 항상 아내와 아이가 궁금해 하던 이북의 친가와 친척들의 이야기가 나오게 되었다. 드디어 내게서 어머니에 대한 이야기가 나오면서 내 눈에서는 하염없이 눈물이 펑펑 쏟아지고 말았다. 비교적 한산한 식당이긴 하였지만 그래도 여기저기에 피서객들이 제법 자리하고 있었는데 나는 눈물을 가눌 길이 없어 주책없이 자꾸 울었다. 내 말을 듣고 있던 아내와 아이도 나를 따라 함께 눈시울을 적시고 있었다. 어린아이처럼 어머니를 그리며 울고 있는 나의 모습이 너무나 측은하고 안타까웠던 모양이다. 히죽이 웃으면서 눈물을 흘리고 한두 마디 말을 잇다가는 다시 눈물을 닦으면서 가까스로 나는 어머니에 대한 이야기의 끝을 맺을 수 있었다. 결국에 가서는 '여자의 일생'에 대한 막연한 연민의 정이 솟아올라, 내 앞에 앉아있는 이 어머니와 딸도 여자이기에 슬프고 불행한 길은 제발 걷지 말아 주었으면 하는 간절한 소망이 덩달아 가슴을 메어 왔다.

나는 여간해서 눈물을 흘리지 않는다. 그러나 나이를 먹으면서 어머니를 생각하거나 어머니 이야기를 할 때에는 예외로 눈물을 흘릴 때가 있다. 아마도 그 눈물은, 마지막으로 본 어머니의 우시던 모습을 내가 영영 달래드리지 못한 데서 오는, 자식으로서의 안쓰러운 마음의 눈물이고, 어려서부터 나를 키우시느라 어머니가 몇 번인가 흘리셨던 그 눈물에 대한 보답의 눈물이며, 누구보다도 효도하고 싶지만 38선에 막혀 마음대로 할 수 없는 데에 대한 분노와 좌절의 눈물이기도 하다.

(1980)

고별의 경적警笛

자가용 차를 가진 지 십오 년이 된다. 처음에는 지프차를 구입하여 몰고 다녔으나 집안의 노인이 오르고 내리는 데 커다란 불편이 있을 뿐더러 나중에는 핸들이 이유없이 떨어대서 불안에 못이겨 미련없이 팔아버렸다.

집에 차가 있다가 없이 산다는 것은 여간 불편한 일이 아니어서 다음에는 크라운차를 구입했다. 이 차는 차체가 크고 쿠션도 좋아 별로 나무랄 데가 없었다. 그러나 원거리를 달릴 때는 힘이 약해서 무리가 가고, 특히 언덕을 올라갈 때면 차체가 무거워서 맥을 못춘다. 남들에게 추월당하고 어느 만재滿載의 화물차 뒤꽁무니에 매달려 지독한 매연 세례를 감수해야 할 때가 비일비재하니 이것도 못할 노릇이다.

나의 취미는 낚시. 어쩌다 보니 월간 ≪낚시春秋≫를 창간

하고 이래저래 공휴일이면 팔도강산의 구석구석을 누비며 낚시터 취재에 열을 올릴 때라, 천릿길도 마다 않고 뛸 수 있는 성능이 좋은 차가 필요했다.

1971년 이른 봄에 나는 마음을 크게 먹고 6기통인 20M을 구입하였다.

처음 이 차를 탈 때는 고급차라는 것이 마음에 걸렸다. 물론 국제수준으로 볼 때, 이 차는 고급차의 대열에 낄 수는 없지만, 우리나라의 현실과 내 주제를 생각할 때 과연 그 많은 4기통 차들을 물리치고 굳이 6기통을 타야 하는가 고심하였다. 그러나 그것도 한순간이어서 세월이 흐르고 차에 정이 들면서부터는 그와 같은 생각이 차차 엷어져 갔다.

고속도로에서 앞에 조롱조롱 줄지은 많은 차들을 시원스럽게 앞질러 눈앞이 탁 트일 때, 그 상쾌함에 한 번 사랑스러웠고, 언덕이나 고갯길에서 헐떡이지 않고 성큼성큼 단숨에 기어올라 눈앞에 대자연의 조감도를 펼쳐 줄 때, 그 늠름함에 두 번 사랑스러웠다. 천릿길을 멀다 않고 푹신한 자리에 나를 앉히고 무사히 집 대문 앞에 닿아서 "이제 집에 왔습니다. 어서 내리십시오." 그럴 때, 다시 눈여겨보는 차는 뿌옇게 먼지를 뒤집어쓴 채 피곤해 보여서 또 한 번 사랑스러웠다. 몸매는 우아하고 코가 남달리 오뚝하며 눈망울은 둥글고 커다래서 겁이 많은 듯 그 어진 인상이 마음에 들고 눈을 감았다 떴다 할 때는, 틀림없이 생명력이 있는 나의 식구처럼 친근감이 갔다.

외출했다가 돌아올 때 집 모퉁이를 돌면서 울리는 가벼운 경적소리는 이제 집에 돌아왔다고 기뻐하는 아이의 고함소리와 같아서 마당의 강아지도 그 소리를 알아듣곤 반갑다고 짖어댄다.

고요한 밤에는 그 놈이 차고에서 하루의 피곤을 털고 잠을 잔다.

전에 TV에서 외국 연재물을 방영하는데 〈어머니는 자동차〉라는 것이 있었다. 그 속에 담긴 자동차에 대한 애정을 나는 근래에 와서 이해할 수 있게 되었다.

과연 자동차가 절대적이라 하리 만큼 생활의 일부가 되어 있는 미국사회의 사람들은 자동차를 어머니에 비유하는 것도 무리가 아니라고 수긍이 간다.

그간 우리나라의 경제 발전은 눈부실 정도였고 국민의 소득도 증대되어서 요즈음에 와서는 상당히 많은 사람들이 자가용을 갖게 되었다.

6기통 차도 몇 가지이고, 4기통 차는 차종이 더욱 많아서 거리에 나서면 마치 차량의 전시장을 방불케 한다.

각종 차량들이 붐비며 누비고 다니는 거리를 나의 20M도 어깨를 가지런히 하고 달릴 때 어떤 사람들은 마치 어느 골동품 자동차를 구경하듯 눈여겨보기도 한다. 이 차가 나온 지도 어언 십 년이 지났다. 요즈음에는 거리에서 20M을 거의 볼 수가 없다. 어떻게 보면 형제 자매를 모두 잃고 나의 20M은 고아가 된 감이 있다. 그러나 우리 식구와 기사의 따뜻한 보살핌으로 이 놈은 윤이 나도록 깨끗하고 어느 구석 한 곳에도 병 없이 튼튼하게 오늘에 이르렀다. 사람들이 새로운 형의 차로 바꾸라고 해도 나와 식구들은 막무가내였다. 그만큼 우리들 사이에는 뜨거운 정이 오갔고 쉽게 헤어질 수 없는 식구와 같은 관계가 이루어져 있었다. 커브를 돌 때 켜지는 깜박이 등은 마치 우리들에게 윙크하는 듯이 보였고, 그것도 다른 차처럼 깜박깜박 까부는 것이 아니라 껌벅껌벅 무게 있게 표정을 짓는 것처럼 보였다.

나와 아내는 이 차가 구르는 한, 끝까지 타기로 했다. 나중에 중풍에 걸린 것처럼 사지를 쓰지 못하게 되면 그 때에나 새 차로 바꾸기로 하였었다.

얼마 전에 정부 시책으로 갑자기 기름값이 올랐다. 그것도 전혀 예기치 않았던 값으로 껑충 뛴 것이다. 경황이 없는 가운데 우선 생각난 것이 차에 대한 걱정이었다. 아무리 차가 좋아도 기름이 한 방울도 나지 않는 이 나라의 국민으로 우선 기름을 아껴야 하겠다는 마음이 먼저 앞섰다. 엉겁결에 4기통인 새 차를 서둘러 구입하여 차고에 집어넣고 20M을 끄집어내어 대문 옆에 세워 놓았다. 내일이면 폐차장으로 보내게 되었다.

십 년간이나 우리 식구들과 정이 들 대로 든 이 자동차도 만남과 이별이라는 어쩔 수 없는 자연의 섭리를 따르지 않을 수 없게 된 것이 바로 오늘이다.

아침에 기사가 왔다. 신당동 어디에 있다는 폐차장으로 차를 끌고 간단다. 나와 아내와 딸은 대문 밖으로 나갔다. 이 놈의 딱한 마지막 모습을 보지 않을 수 없었다. 지난 밤의 눈을 하얗게 뒤집어쓴 모습이 한없이 측은하였다. 우리들은 차 위의 눈을 쓰다듬다시피 손이 시린 줄도 모르고 털어 주었다.

딸아이가 중얼거린다.

"간밤에 추웠겠다."

아내가 나를 똑바로 쳐다보지도 못하며 동의를 구한다.

"이것도 못할 노릇이네요."

기사가 올라타고 문짝 닫는 소리를 쾅 내고는 시동을 걸었다. 역시 연하고 부드러운 엔진 소리는 귀에 익고도 남음이 있었다.

미끄러지듯 천천히 골목길을 빠져 나가며 두 번 울려온 경적 소리는 십 년간 정성껏 모셔온 주인에 대한 고별의 슬픈 통곡 소리 같아서 가슴이 찡했다.

딸아이는 살랑살랑 손을 흔들었고, 나와 아내는 서로 시선을 더듬고 있었다.

(1980)

준이 엄마

“우리 준이 이리 오세요. 어꾸 어꾸 넘어지겠네요. 찬찬히 찬찬히 그렇지! 그렇지! 잘도 걷네요.”

양지바른 언덕 위의 고추밭에서 젊은 어머니와 돌배기로 보이는 아이들이 따스한 가을 햇볕을 받으며 한가로이 가을날을 즐기고 있었다.

엉성한 아까시 울타리 속에 얼마 넓지 않은 밭이 있고, 무, 배추, 고추, 가지 등 자급자족을 위한 야채들이 그곳에 골고루 가꾸어진 흔히 보는 호숫가의 외딴집이다. 대낮의 햇볕을 담뿍 받는 저수지의 중하류에 위치한 남향 언덕의 외롭게 보이는 외딴집이었다.

지난 9월 말, 나는 고삼호수로 낚시를 떠났다. 금년 들어

봄에 한 번 상류 쪽에서 낚시를 하고 이번이 두 번째의 방문이 되겠다.

하류에서 하차하니 그 옛날 소나기를 듬뿍 맞고 오돌오돌 추위에 떨고 있던 나에게 방을 한 칸 빌려주고 화롯불에다 가지가지의 따뜻한 친절을 베풀어 주던 잊지 못할 김씨가 길가에서 반가이 맞아 주었다. 약 15년 만의 상봉이다.

여전히 낚시인을 상대로 배를 몰고 숙식의 편의를 돌보아 주면서 세월을 보내는 모양이다. 이제는 머리에 허옇게 서리를 얹고 눈가에는 흘러간 인생을 말해 주듯 잔주름이 뚜렷하였다.

"오랜만이네요. 어째 그렇게도 오시지 않았어요!"

김씨는 나의 손을 덥석 잡더니 낚시보따리와 주머니를 억지로 빼앗다시피 하여 받아들고 무조건 집으로 향했다.

"여보오! 반가운 손님이 오셨소. 이리 나와 봐요."

아내를 부르는 그의 목소리에는 기쁨과 반가움이 넘쳐 있었다.

새벽부터 낚시터의 옛정에 젖어서 흐뭇한 낚시가 시작되었다.

고무 보트를 조립하고 올라탔다. 사방을 눈여겨보니 낚시인들이 그리 많지는 않아도 여기저기에 자리를 차지하고 있었다. 배를 타고 근방을 돌아다니며 낚시를 한다면 물에서 낚시하는 사람에게 방해가 되어 마음의 부담이 클 것 같아 인적이 드문 중류로 향했다. 곳부리를 돌아서니 그곳에는 낚시인의 그림자도 보이지 않고 조용하기 그지없었다. 화창한 가을날이라 남향의 언덕배기에는 초가을의 싱싱한 녹음이 담뿍 무르익고 그 속에 흙벽에다 양철지붕을 얹은 소박하고도 자그마한 집이 한 채 보이는데, 마치 한 폭의 그림을 연상케 하는 아름다운 호숫가의 정경이었다.

물 맑고, 경치 좋고 또한 날씨마저 좋은 데다가 워낙 가슴이 탁 트일 정도로 규모가 넓고 큰 고삼저수지는 그 어느 때보다도 나의 마음을 사로잡았다. 더군다나 드리운 낚시에 제법 씨알이 굵은 붕어가 시원한 입질을 선사해 주니 오래간만에 맛보는 흐뭇한 낚시가 이루어진 것이다.

게다가 나의 시야에는 물에 앉은 낚시인이 하나도 없고, 옆에는 박 선생만이 가까이에 배를 타고 있어서 큰 고기를 올릴 때마다 들려오는 붕어의 물장구 소리에 서로 시선이 마주쳐서 기쁨의 미소와 눈짓이 교환될 따름이다.

고기를 몇 마리 낚고는 사방의 아름다운 경치에 도취되어 두리번거리고, 큰 놈이 한 마리 걸리면 서로 축복해 주며 가을 낚시를 구가하고 있는데 언덕받이에서 젊은 아낙네의 부드러운 목소리가 들려온 것이다.

제법 거리가 멀어 그 여인의 얼굴은 볼 수가 없었다. 그러나 부드러운 음성에서 풍기는 유한 인상은 틀림없이 얼굴에도 나타나 있을 것으로 상상이 되어서, 멀리 물 가운데 뜬 보트에 앉아서 나 혼자 머릿속에 내가 좋아하는 젊은 여인상을 그려보며 그 쪽으로 귀를 기울이게 되었다.

"아이고 넘어졌네요. 그래서 찬찬히 걸으라고 했는데……."

애기를 일으키고 흙을 털어 준다. 볼에다가 뽀뽀를 한다. 귀여워서 못 살겠다는 몸짓이다.

애기는 아직 혀가 제대로 돌아가지 않을 정도로 목소리가 어려서 무어라 중얼거리는 것 같은데 나는 알아들을 수 없었다. 다만 응석이 가득한 콧소리만이 입 속에서 얼버무려져서 들려온다.

걸음을 아장아장 걷고 뒤뚱거리는 모양으로 보아서는 돌배기로 추측이 갔다. 아마도 남편은 일찍이 출타하고 부인은 집에서 아기를 데리고 놀다가 햇살이 퍼지니 들에 심은 야채를 가꾸느라 밖으로 나온 모양이다.

남편은 누구일까? 나이는 서른 정도? 도선장에서 서성거리던 몇 사람이 있었는데 그 중의 한 사람일까? 상상은 점점 나래를 달고 아름답게 비약했다.

낚시를 하면서 인상 좋은 언덕받이의 흐뭇하고 정이 가는 광경도 눈여겨보는데 시간이 흐를수록 그 여인은 나를 사로잡았다.

처음부터 끝까지 아기에게 경어를 쓰고 어감은 따뜻한 정에 넘쳐 있었다. 부드러운 알토에 가까운 음성으로 목소리에 하나도 모가 없고 태도나 몸짓도 거친 데가 전혀 없었다.

약 한 시간 가량을 아기를 데리고 야채를 가꾸면서 들일을 보는데 그야말로 어머니다운 어머니이고 여자다운 여자였다.

나에게는 그 여인과의 한 시간이란 시간이 무척이나 흐뭇했다.

어느 포근한 자장가를 듣는 시간과도 같았고, 어린 시절에 느낀 어머니의 달콤한 사랑을 다시 맛보는 시간이었고, 내가 그리는 한국의 여인상을 눈앞에서 보는 감격의 시간이기도 하였다.

보트를 기슭에 대고 가까이에 가서 손목을 잡고 몇 마디 인사라도 건네고 싶은 심정이었으나 여의치 못한 일.

그렇다고 아기에게 가지고 간 사과라도 주고 싶었으나 명분이 서지 않는 일.

해는 서산에 기울고 산새들도 역광逆光 속에 사라져간다. 낚시를 끝내고 노를 저어 그 집 앞의 언덕을 돌아서면서 나는 멀어져가는 그 집을 뒤돌아보고 또 돌아보지 않을 수 없었다.

호숫가 외딴집의 젊은 어머니와 어린 아들상像이 자꾸만 아름답게 그려지기만 하는 나의 마음은 고삼호수에 석양이 물들면서 더욱 메아리치는 것을 감당키 어려웠다.

(1976)

땅끝의 저녁 노을

그 옛날 나의 총각 시절, 사랑하는 여인에게 그리움과 사랑이 담뿍 담긴 편지를 띄우면서 나는 정열에 넘쳐 다음과 같은 말을 썼다.

"당신과 함께라면 땅끝까지도 마다 않고 가고 싶소."

그 때에는 이 세상의 땅끝이 어디인지 깊이 생각지도 않고 그냥 감상에 이끌려 문학작품의 제목을 따서 그렇게 썼다. 우선 그녀의 환심을 사고 볼 일이었다.

1986년 3월, 매화 꽃송이가 수줍게 빠끔이 눈짓하던 봄에 나는 드디어 아내와 함께 지구상의 땅끝나라 구경에 나섰다. 결혼한 지 30년이 지나서 그 약속을 이행한 셈이 되었다.

우리나라에서 땅을 수직으로 파고 지구를 꿰뚫고 저 쪽으로 나간다고 가정하면, 그곳이 바로 남미가 되겠다. 따라서 둥근 지구를 놓고 관찰할 때 우리나라에서 가장 먼 땅끝이 바로 그곳이 되겠다.

뉴욕에서 자며 깨며 열 시간 이상의 지루한 비행 끝에 지쳐서 내린 곳이 브라질의 '리오데자네이로' 속칭 '리오'다. '리오'는 포르투갈어로 '1월의 江'이라는 뜻인데, 1502년 포르투갈 항해자에 의해 이곳이 처음 발견되었을 때, 부근의 바다를 강어귀로 착각하여 이렇게 명명하였다고 한다.

말로만 듣던 '리오'를 현지에 가서 보니 과연 세계 제일의 미항美港이라고 느꼈으며, 그 환상적인 아름다움에 압도당하여 한동안 말을 잊었다.

브라질은 중남미 국가들 중에서 몇 가지 특징을 지닌 나라다.

우선 그 땅덩어리가 대단히 광활하고 많은 자원을 보유하니 앞으로 머지않아 크게 각광을 받을 수 있는 나라라는 강점이 있고, 인종적으로 다른 나라에 없는 흑인이 상당수 있다는 것과, 모든 나라들이 스페인어를 사용하는데, 이 나라만이 유독 포르투갈어를 사용한다는 것도 색다르다.

특히 유명한 아마존강과 그 유역의 신비에 싸인 광대한 밀림지대를 보유하고 있다는 사실은, 모든 사람들의 호기심의 대상이 되기에 충분하다. 또 이 밀림지대에서 식물들이 탄소동화작용으로 뿜어내는 산소량이, 총 지구상 산소의 10분의 1에 해당한다는 사실이나, 아마존강에만 서식하는 '피라냐'라는 무서운 민물 식인어종食人魚種의 존재를 생각하기만 하여도 벌써 여행하는 나그네의 마음을 사로잡는다.

아마존강은 그 기원이 페루의 안데스 산맥이다. 그 높은 산맥의 정상에는 만년설萬年雪이 있고, 그 눈이 녹아 내려오면서 두 개의 커다란 계곡을 만든다. 이 두 개의 계곡이 하나로 합쳐지면서 '아마존강'이란 이름이 붙여진다.

하구河口까지의 길이는 6,400km, 하구의 너비는 놀랍게도 약 355km로 추정된다. 브라질 영내를 흐를 때의 강폭은 2~10 km이며, 거대한 수량이 바다로 유입되기 때문에 하구에는 약 400km 떨어진 앞바다까지 해수의 염분이 희석되고, 그 흙탕물의 영향을 받아 수십 km 앞바다까지 흐려져 있다고 한다.

또 이 강은 내해內海의 역할을 한다. 하구에서 3,700km나 거슬러 올라간 페루의 이키토스까지 대형 선박의 항해가 가능하다. 1851년에는 브라질과 페루 양국의 조약을 맺어 아마존강의 항행航行이 자유로워졌으며, 그 후부터 아마존강은 완전한 국제하천이 되었다. 따라서 페루의 이키토스는 대서양으로 통하는 문호가 되어 대형 선박이 이곳으로부터 출범하여 바다로 나간다.

여행 일정에 따라 브라질에서 아르헨티나 칠레를 거쳐 페루의 수도 리마에 왔을 때 다행히도 이키토스로 갈 기회를 가질 수 있었다.

리마에서 이키토스까지의 비행 시간은 약 한 시간 반이 걸렸다. 정글 위를 한참 나니 이키토스가 나타났다. 정글에 둘러싸인 이키토스에는 커다란 범죄사건이 없단다. 범인의 도주로가 공항밖에 없어서이다. 즉, 이것은 정글 속의 고도孤島라 할 수 있다.

이키토스는 아마존강의 상류권에 해당하는데 그곳의 강 폭도 2㎞정도가 되었고 물빛은 홍수 때의 한강 물빛을 연상케 하였다.

바다의 부두처럼 생긴 강가에서, 배 길이가 20m정도 되는 유람선을 타고 하류로 약 두 시간 반 내려가 아마몬노섬島에 다달았다. 그곳 정글 속에 그런 대로 운치있게 개발한 롯지(LODGE)에서 원주민 종업원의 융숭한 대접을 받으며 원두막 같은 집의 모기장 속에서 하룻밤을 잤다.

처음 듣는 새소리와 멀리서 간간이 들려오는 동물들의 울음소리에 아마존 정글을 실감하였다.

그곳 고유의 음식도 맛보고, 비상시에 울리는 나무북도 쳐보고, 그들의 유일한 교통수단인 쪽배를 타고, 지척을 분간할 수 없는 한밤중에 전지불 하나를 들고 밀림 속 수로를 누비며 야행성 동물 탐험에 나서기도 했다. 또 아침에는 엉성한 낚싯대를 빌려 강물에 낚시를 드리우니 수염이 길다란 메기의 일종으로 보이는 '바드레라오'라고 하는 고기를 낚기도 하였다. 낮인데도 햇빛이 제대로 보이지 않는 어두운 정글을 헤치고 모기에 뜯기면서 원주민 마을에 찾아갔을 때 아슬아슬하게 가릴 데만 겨우 가린 원시적이고도 순박한 그들의 생활에 또 다른 느낌을 받았다. 야구이족族의 입으로 부는 사냥총의 시범을 보고 그 위력에 감탄하기도 하였다.

정글생활 하루를 끝내고 다시 이키토스로 돌아오는 뱃길은 무거웠다. 흐르는 물을 거슬러 올라오느라 세 시간이 소요되었다. 내려갈 때보다 30분이 더 걸린 것이다.

물 흐름이 완만한 강기슭에 붙어 배가 숨가쁘게 올라오는데, 강언덕 밀림 속엔 가끔 원주민의 오두막집이 나타났다. 그때마다 일곱, 여덟 또는 그 이상 되는 올망졸망 많은 형제 아이들이 모여서서 지나가는 우리들에게 다정하게 손을 흔들고 있었다.

밀림 속에선 산아제한이 필요치 않겠다고 혼자 중얼거리곤 나는 내 말에 웃음이 났다.

뱃머리에는 가수歌手 지망생이라는 앳된 선원이 기타를 치며 라틴 음악을 열심히 노래를 부르고 있었다. 우리의 귀에 익은 곡조가 대부분이어서 듣는 데 부담이 가지 않았다.

배가 이키토스에 가까워지면서 아마존강에 저녁 노을이 물들었다. 강 건너 정글에는 벌써 검은 그림자가 깔렸고 키가 큰 야자나무들이 역광逆光에 검은 윤곽을 뚜렷하게 드러내고 있었다.

나는 아내의 어깨 위에 손을 얹고 속삭이듯이 말했다.

"우리들은 지금 땅끝에 와 있소. 이곳의 저녁 노을은 더욱 아름답구만!"

아내는 고개를 끄덕이며 어느 새 희끗희끗해진 머리카락을 강바람에 날리며 조용히 웃고 있었다. 벌써 땅끝의 의미를 알고 있다는 여운을 남기면서.

(1985)

세월을 낚다

인생은 희로애락으로 수놓아져 있다.

80세를 살면서 기쁘고 즐거웠던 일도 많다. 그러나 나에겐 북녘 땅에 부모형제를 두고 18세에 3 · 8선을 넘어 남하하여 60년간 망향望鄕과 향수鄕愁에 사무친 기나긴 아픈 세월이 있다. 엄청나게 모진 시련들 속에서 살아온 세월이다. 그 시련의 세월 속에 낚시가 있었기에 고비마다 별 탈 없이 살아왔고 오늘에 내가 여기에 있다.

낚시는 내게 취미 이상으로 내 삶의 버팀목이 되어 주었다. 그리움에 사무친 외로운 세월을 달래주고 잊게 해 준 것이 낚시보다 큰 것이 없다.

낚시 속에는 세월을 낚는 마력이 있다. 강태공의 곧은 낚시처럼 낚시를 드리우는 동안은 모든 잡념으로부터 벗어날 수 있게 해 주었다.

지나온 날들을 회상한다.

나는 주중에는 의사로 근무하고, 주말에는 피치 못할 사연이 있을 때를 제외하곤 낚시하는 생활을 70세 무렵까지 하였다.

낚시터는 가급적 동일 장소는 피하고 새로운 낚시터를 골라서 다녔다. 무조건 고기를 많이 낚는 데 몰두하지 않고 물 좋고, 경치 좋고, 오가는 길이 마음에 들고 먹을거리가 좋고, 인심 좋은 낚시터를 선호하였다.

때로는 바다가 그리워서 바다낚시도 다녔고, 때에 따라서는 강 낚시도 다녔다. 그러나 우리나라 낚시의 주종은 호소湖沼낚시며 그 중에서도 붕어 낚시가 왕좌王座를 차지한다.

그렇게 낚시를 즐기고 낚시를 다니면서 낚는 것은 물고기만이 아니다.

물고기를 낚고, 대자연을 낚고, 맑은 공기를 낚고, 동행하는 친구의 우정도 낚고, 시골의 순박한 인심도 낚는다. 팔도강산 누비고 다녀서 맛있는 음식도 낚게 되니 결국 기쁨과 즐거움을 낚고, 몸과 마음의 건강을 낚게 되는 것이니, 낚시는 행복을 낚는다는 결론에 도달한다.

특히 밤낚시에 가서 머리 위의 은하수와 무수히 반짝이는 별들을 이고 앉아 주변의 갈대 숲속에서 지저귀는 밤새 소리를 들으며 어신을 기다릴 때 새삼 대자연의 섭리에 고개 숙이고, 명상의 바다를 헤매고, 자아自我를 낚는 시간은 낚시의 특권이며 낚시가 갖는 귀중한 선물이라 하겠다. 그러나 내게는 그보다 더 큰 낚을 거리가 있었으니 그것은 돌아갈 수 없는 고향을 낚는 시간이기도 했다.

1952년 봄, 6·25 전쟁의 와중에 부산 피란지에서 의과대학을 졸업하고 군에 입대하여 군의관 생활을 8년에 걸쳐 복무할 때에도, 1960년 동대문 밖 신설동에 개인병원을 개설하고 모교인 서울대학교 대학원에서 박사학위를 받게 되었을 때에도 낚시는 나의 힘이요 위로자였다.

나의 낚시는 어려서 취학 전에 할아버지의 꽁무니에 매달려 따라다니면서 몸에 배인 낚시다. 초등학교 중학교 시절에도 시간이 허락하면 호수나 개울가를 찾아다녔고, 의과대학 재학 시절에는 낚시를 못하였으나 군의관 생활을 하면서 전후방 군 생활 중에도 기억에 남는 낚시 행각이 있다.

나는 의사이면서 1971년 3월 ≪낚시春秋≫라는 월간 잡지를 창간하고 발행하게 되었다 나의 나이 43세!

인생은 40대가 황금기라 하더니 잡지 발행과는 거리가 먼 문외한이 겁도 없이 젊은 정열 하나로 이 길에 뛰어들었다.

당시 우리나라는 6·25전란 후 후진국의 대열에서 헤어나지 못하고 겨우 국가발전에 시동이 걸린 상태에 있었다. 다행히 경부고속도로가 뚫리고 호남고속도로가 관통되면서 전국이 1일 교통권에 들게 되었다. 당시 낚시는 국민생활에서 등산과 함께 쌍벽을 이루고 있었다. 동호인 수도 400~500만으로 추산되었으나 교통은 불편하고 낚시산업이나 낚시정보는 전무상태여서 원시적인 낚시에 머물고 있었다.

낚시인을 자처하는 나는 어디에 좋은 낚시터가 있는지 어떻게 낚시를 하면 만족스러운지 전혀 감을 잡을 수가 없었다.

≪낚시春秋≫를 발행하면서 전국의 낚시 동호인들의 열띤 환영을 받았다.

당시 국회의장을 지낸 이재학 의장을 비롯한 몇 명의 정치인을 위시하여 사업가, 교수, 특히 의료인들이 크게 반겼고, 나와 친교가 있던 몇몇 문인 낚시인들은 자진하여 ≪낚시春秋≫에 필자가 되고, 편집에 자발적으로 참여하였다. 각계각층의 물심양면의 지대한 후원에 힘입어, 나는 그렇게도 나의 성미에 맞고 좋아하던 낚시에 관한 월간잡지를 발행한다는 그 자체가 즐거워서 용기백배 정열을 불태웠다.

≪낚시春秋≫는 달을 거듭할수록 그 내용도 충실해지고 제법 잡지의 용모도 깔끔해졌다. 낚시터 소개, 낚시기법, 낚시칼럼, 낚시문화, 낚시만화, 조항釣況 소개, 낚시의 모든 정보, 어느 것 하나 낚시인의 관심이 가지 않은 것이 없었다.

낚시 불모지에 새싹이 돋아나고 등대가 등장한 것이다. 순식간에 발행 부수가 늘고 나는 더욱 유명해졌다. 의사가 본업인지 낚시가 본업인지 분간하기가 어려웠다.

해가 지나면서 '한국낚시振興會', '한국낚시펜클럽'이라는 단체가 탄생되어 회장 자리를 특히 日語로 통용되던 낚시 용어用語를 한글로 제정하여 갈채를 받았다. 새로운 낚시용품이 생기면 이름을 지어주고 전국 낚시터 지도地圖를 완성하였다.

우리나라 낚시界에 내가 할 일을 유감없이 하였다.

당시 내가 제정한 낚시 용어가 국어대사전에 실려 있는 사실에 나는 더욱 뿌듯한 긍지를 느낀다.

1978년 ≪낚시春秋≫의 지령이 8년에 접어들면서 우리나라 낚시도 변하고 나의 환경에도 변화가 왔다. 나는 나의 천직인 의사로 돌아오고 정든 ≪낚시春秋≫는 새로운 젊은 발행인의 품에 안기게 되었다. 서울대학 출신이고 젊고 유능한 젊은 후배에게 맡긴 것이다.

현재도 ≪낚시春秋≫는 매월 발간되어 서점가에 나오며 여전히 모든 낚시인에 애독되고 있다. 잡지의 뒤편 발행인과 인쇄인 란을 보면 발행인 앞에 '고문 한형주'라고 적혀 있다. 제법 대접받고 있으니 나의 보람이라 하겠다.

이처럼 나의 낚시 사랑은 나의 취미생활이라기보다 짝사랑의 연인처럼 내마음을 잡고 놓아주지 않던 삶의 동반자였다.

사람은 태어나서 30세까지 육체적으로 발육을 거듭하고 30세 지나면 차츰 쇠퇴한다. 30세와 80세를 비교하면 사람에 따라서 차이는 있겠으나 근육은 반감 즉 1/2로 축소된다. 따라서 보행이나 운동에도 영향을 받고 돌멩이를 던져도 거리가 반밖에 나가지 않게 되어 있다.

두뇌의 활동도 둔화되어 판단력이 흐려지고, 기억력도 감퇴되어서 심한 경우 치매환자로 치료받아야 할 대상이 될 수도 있다. 또 운동이나 동작 이상을 수반하는 '알쯔하이머증'이라는 달갑지 않은 질환이 소리 없이 올 수도 있다.

근래의 우리나라의 평균 수명이 80세 전후라 한다. 80세대의 노인 대열에 끼게 된 나는 이제 살 만큼 살았다는 생각에 잠길 때가 있다. 앞으로의 삶은 덤으로 살아가는 공짜인생이라 생각해본다.

이제는 세월을 낚던 낚시 대신 운동을 위한 골프로 건강을 지키려고 한다. 낚시만큼 나를 들뜨게 하지는 않지만 즐겁게 사이좋게 살며, 건강한 삶으로 유종의 미를 거둬야겠다는 생각에서다.

남은 인생 아득바득 살지 말고 좋은 일 많이 하며, 그리운 사람을 그리워하며 살 수 있다면 얼마나 좋겠는가.

(2008)

인생은 아름다워

회고해 보건대 내가 원고지에 글을 쓰게 된 것은 1971년 봄 ≪낚시春秋≫라는 낚시 월간 잡지를 창간 발행하면서부터였다.

발행인으로, 인사말을 게재하고, 낚시인으로서 독자에게 하고 싶은 이야기가 많아서 부지런히 글을 쓰고 편집에 참여하며 몇 년이 흘렀다. 그런 가운데 나의 주변에는 많은 ≪낚시春秋≫ 벗이 생겼고, 특히 문인文人 낚시인들이 ≪낚시春秋≫에 관심을 보이며 솔선하여 잡지 편집에 참여하고 도움을 주어서 나는 잡지를 발행하면서 많은 문인들을 알게 되었다.

그러던 어느 날(1976년) KBS 사장을 지낸, 지금은 고인이 된, 소설가 서기원徐基源의 제의로 낚시수필을 모아 ≪魚信을 기다리며≫라는 수필집을 공저로 내게 되었고 그것이 나의 수

필계 입문의 동기가 되었다.

그 뒤 낚시수필을 모아 ≪八字섬의 메뚜기≫라는 수필집을 선보였더니 상상외로 낚시계뿐만 아니라 많은 독자들로부터 환대를 받았다. 그 뒤 글쓰는 의사들이 만드는 잡지나 동인지에도 알려져서 원고 청탁이 들어와 수필을 많이 기고하게 되었다.

1977년 수필문학진흥회가 탄생될 때 초대 회장으로 우송友松 김태길金泰吉 선생이 추대되고 부회장 3인 중에 나도 끼게 되었다.

그 당시 유일한 수필 월간지인 ≪수필문학≫에 힘을 보태려고 한 것인데 그 잡지가 문을 닫게 되자 계간 수필잡지 ≪수필공원≫의 탄생으로 수필문학진흥회 수필가들과 활발한 교류가 시작되었고, 1981년 '수필문우회'의 창단 멤버로 의사 수필가로 자리매김하게 되었다.

그런 과정에서 나는 많은 것을 얻었다. 그 중에서도 마음으로 존경하고 따를 수 있는 스승이나 선배 문인과 지성과 따뜻한 감성을 지닌 많은 수필 문우들과 사귀게 된 것을 행운으로 생각한다. 이분들과의 아름다운 친교는 오래도록 나의 마음속에 행복한 추억으로 남아 있다.

금아琴兒 피천득皮千得 선생님은 나의 서울대학교 예과 시절 영문학을 가르치던 은사다. 수필을 쓰면서 마음속으로만 흠모하던 중 나의 칠순 기념 수필집 ≪물 같이 바람 같이≫ 출판기념회(1997년)에 모시게 된 후 사제 간이 수필문우로서 스승의 지극한 사랑을 받는 영광을 누리게 되었다.

그날, 칠순기념으로 당신이 평생 손에서 놓지 않으시고 아끼시던 파카(paker) 볼펜을 주셔서 지금도 소중하게 간직하고 있다.

서울대학 예과 제자가 수필을 쓰는 동인으로 나타나기는 처음이라며 기뻐하셨고, 더구나 의사가 수필을 쓰는 것이 신통하다며 내게 남다른 관심과 사랑을 기울여주셨다.

선생님의 미수연米壽宴에 초대되었을 때, 우리 내외를 선생님 매인테이블에 앉히시고 나에게 건배제의를 하라고까지 하셨으니 선생님의 제자사랑이 어떠하셨음을 지금도 잊지 못하고 있다.

우송友松 선생과는 1977년 수필문학진흥회에 회장과 부회장으로 만나면서, 그리고 1981년 '수필문우회'의 동인으로 30년 세월을 보내면서 우송 선생과 나와의 관계는 형제처럼 다정한 사이가 되었음을 생각하지 않을 수 없다.

그 동안 우송 선생을 곁에서 지켜보면서 그 명석한 두뇌에 그저 감탄을 금치 못한 일이 한두 번이 아니다. 더욱이 윤리철학을 전공하고 인생을 성찰하고 고뇌하신 분이라 항상 겸손하고 허세를 모르고, 일상생활에 탐욕이나 거짓은 있을 수 없는 분이다.

나는 우송 선생을 한마디로 이 나라의 석학 중에 석학이고 우리나라의 보배로운 인물로 숭배하고 존경하여 왔다. 따라서 선생님이 노후에 정열을 쏟은 사회사업에 나도 적극 참여하여 선생이 이사장이신 심경문화재단心耕文化財團의 재단 이사로 '성숙한 사회 가꾸기 모임'의 운영위원으로, ≪계간수필≫의 운영위원으로 따르게 되었다.

그분들이 곁에 계셨기에 큰 힘이 되어 내가 쓴 수필집이 7권이나 출간되게 되었다. ≪魚信을 기다리며≫(1976), ≪八字섬의 메뚜기≫(1978), ≪한형주의 붕어낚시≫(1978), ≪사랑과 미움의 세월≫(1988), ≪물 같이 바람 같이≫(1997) 그리고 수필선집 ≪2 그리고 나≫(2002), ≪세월을 낚다≫(2009 출판예정) 등이다.

또 하나 수필에 관한 나의 회고 중에서 잊을 수 없는 추억거리는 ≪계간수필≫ 1998년 겨울호(14호)부터 2001년 가을호까지(25호) 3년간 ≪계간수필≫의 표지를 내 유화작품으로 꾸몄다는 것이다. 그 그림을 그리기 위해 사계절에 맞추어 춘하추동 여러 곳을 찾아다니며 아름다운 풍경을 그리려고 최선을 다했다. 그 그림들을 바라볼 때마다 그 때의 즐거운 추억으로 마음속에 기쁨을 간직하고 있다.

그 당시 인쇄술이 지금과 같이 발달하지 못하여 그림의 색도가 제대로 인쇄되어 나오지 못하는 불만에 마음 조였던 기억도 잊지 못한다.

나는 80여 년을 살아왔다. 이제 한 번으로 끝나는 인생의 종착역이 가까워 옴을 느낀다. 이 나이가 되니 새삼 지나온 세월을 회상과 추억 속에 더듬어보는 시간도 가져보며, 산다는 것이 무엇이냐? 나의 삶은 과연 만족스러웠는가? 하고 제법 심각한 인생문답에 골똘히 빠져들기도 한다.

나의 지난날을 생각할 때 나는 그런 대로 무난한 인생을 살아왔다고 생각하고 있다. 천성이 비교적 낙천적인 성격 탓도 있겠으나 무엇보다 즐거운 시간을 많이 가졌다는 사실이 그런 생각을 하게 된 원인이 될 수 있다고 수긍한다.

나는 의사로서 평생 고통받는 사람들을 도와 그들을 고통으로부터 해방되게 하는 일에 종사해 왔다. 그래서 위로와 격려로 아름다운 정을 수많은 환자들과 나눌 수 있었음을 큰 보람으로 지니고 있다. 또한 수필을 쓰면서 좋은 선후배 문인들과 교류하며 함께 즐거운 시간을 가질 수 있었다.

물고기보다 대자연을 낚으며 순박한 시골 인심 속에 팔도강산을 누비며 몸과 마음의 건강을 낚던 낚시도 삶의 기쁨과 즐거움을 누리던 시간이었다.

어려서부터 예능에 눈떠 연극무대에 섰고, 대학 시절에도 연극경연대회 무대에 서서 〈베니스의 상인〉의 공연도 했다. 그 후, 〈인조인간〉 등 몇 차례 시공한 무대에 서기도 했고, 또 '메디칼 코러스'의 합창단원이 되어 오페라의 유명한 합창곡들의 공연에 참가하기도 하였다. 그래서인지 지금도 클래식 음악이 들려오면 함께 흥얼거리며 즐거워지는 것은 그런 추억이 있기 때문이라 생각한다. 또, 자연의 아름다움을 유화油畵로 그리는 즐거움을 누렸고, 지구상에서 아름답다고 알려진 많은 곳을 찾아서 여행 다니는 행운도 누렸다.

독일의 시인 칼 붓세는 〈산너머 먼 곳에〉라는 시에서 행복은 산 넘고 물 건너 백방 찾아다녀도 만날 수 있는 것이 아니라 각자 가슴속에 즉 마음속에서 만날 수 있다고 읊었다.

그 시처럼 삶을 어떻게 생각하고 바라보느냐에 따라 세상에는 아름다움이 널려 있다고 볼 수 있다. 행복은 그 사람이 지닌 마음에서 우러나오는 것이기 때문이다. 나는 언제나 내게 주어진 시간을 가장 행복한 시간으로 값지고 보람되게 즐기며 살아왔기에 그 시간들이 돌아보면 모두 행복한 시간이었던 것 같다.

인생을 행복하게 살려면 몇 가지 조건이 따르지만, 살면서 행복이 머무는 곳은 각자의 가슴속이라는 사실을 알고 나는 언제나 나의 마음속에 아름다움을 보듬으려고 노력하며 오늘까지 살아왔다. 아름다움은 마음의 평화를 가져다준다. 행복이란 한마디로 '마음의 평화와 자신의 삶에 대한 깊은 만족'이라고 요약할 수 있다.

나는 이 회고담을 쓰면서 나의 지난날을 돌아본다. 삶을 살다보면 힘들고, 외롭고, 절망하고 두렵고, 벅찬 날들이 왜 없었을까만은 그런 기억에 매이지 않고 그런 대로 후회 없이 즐겁게 살았다고 다시 한 번 독백하게 된다.

2부

어신魚信을 기다리며

봄은 아지랑이를 앞세우고 성큼 다가온 느낌이다. 3월부터 봄소식을 기다렸으나, 4월의 식목일을 맞고서야 눈앞에 모습을 나타냈다.

예전에 춘삼월의 계속된 며칠간의 따뜻한 봄기운에 홀려, 화초를 밖에 내놓았다가 갑자기 닥친 영하의 기온에 무참하게 얼려 죽인 쓰라린 기억이 몇 차례 있었다.

그 후부터 나는 매년 식목일을 봄이 오는 날로 마음속에 새기게 되었다.

나의 직업은 의사이며 부직은 낚시라 할 수 있다. 가업이 대대로 의료업이었으니 나도 무리없이 의사가 되었으며, 할아버지가 낚시를 즐기셔서 조전손전祖傳孫傳으로 나도 낚시를 하게 되었다.

봄이 오는 길목에서 지금까지 낚시와 함께 살아온 지난날을 돌이켜보며 생각에 잠긴다.

사람이 이 세상을 쉬지 않고 일에만 몰두하며 살아갈 수는 없다. 기계의 태엽으로 치면, 감아 주기만 하고 풀어주지 않을 경우 언젠간 태엽이 늘어나서 못 쓰게 되거나 끊어지게 마련이다. 사람의 몸이나 마음도 태엽과 같이 적절한 휴식을 주어야 건강을 유지하게 되어 있다.

특히 요즈음처럼 복잡한 사회에 적응하려면 적절한 운동과 즐거움이 곁들여진 건전한 오락이나 취미생활이 절실히 요망되는데, 그런 의미에서 나에게 낚시 취미가 있다는 사실이 지극히 다행으로 생각된다.

60세 중반에 접어든 오늘에도 나는 몸이나 마음에 별다른 이상을 느끼지 않으며, 수월치 않은 일상의 진료업무를 부담없이 감당해낸다는 사실에 긍지를 가지며, 그렇게 된 공功을 나의 낚시에 돌리는 마음이 된다. 만약 나에게 낚시가 없었다면, 지나온 세월이 삭막하고 지루했을 것이고 지금과 같은 건강을 유지할 수 없었을 것 같은 생각이 든다.

낚시 속에는 무궁한 재미와 즐거움이 있다. 인간 본래의 포획 본능捕獲本能을 충족시키는 재미가 있고, 마음속에서 은근히 갈망하는 방랑과 현실 도피를 해결하는 즐거움이 있다.

낚시에는 행동의 구속이나 제약을 강요하는 규범 따위가 없어 마음이 편하다. 또 낭비나 사치가 없으니 주위로부터 질시나 배척을 당하는 괴로움도 없고 가책도 느끼지 않아서 좋다.

더욱이 낚시가 지니는 가장 값진 자산은 대자연과의 만남이고 그 품에 안기는 것이라 할 수 있으니, 낚시는 곧 우리들이 흠모하고 추구하는 대자연 속에 담긴 맑고 순수한 정서라고도 할 수 있는 것이다.

나의 인생은 낚시로 인한 애환으로 점철되어 있다.

봄철의 낚시에는 언제나 보리밭과 종달새의 서정이 속삭이듯이 등장하였고, 여름날의 밤낚시에서는 밤하늘의 은하수가 머리 위에 수놓아지면서 다정한 벗들과의 구수한 정담이 잠을 쫓았고, 가을의 낚시길에는 도열한 코스모스의 군무群舞가 반가웠고 멀리 산 위에 피어 오른 뭉게구름은 타향살이 40여 년의 오열에 지친 가슴에 향수를 불러일으켰다. 겨울의 얼음낚시에서는 하얀 눈 덮인 호수 위를 걸으며 차분히 겨울나그네의 여음을 간직해 보는 시간도 가졌었다.

그러나 즐거움과 정겨운 기쁨만이 있었던 것은 아니다. 때로는 지겹고 고통스러웠던 일들도 심심치 않게 겪었다. 모든 오락이나 취미생활이 그렇듯이 낚시 속에 지나치게 깊게 빠져들면 부작용도 있게 마련이다. 나에게도 한때에는 걷잡을 수 없는 낚시광 시절이 있었다.

그 시절엔 본의 아니게 직업에도 지장을 초래하는 일이 있었으며, 자나깨나 낚시 생각이고, 비가 오나 바람이 불거나 개의치 않고 낚시터를 헤매고 다녔다.

그러자니 먹을 것도 제대로 찾아 먹지 못해서 체중이 줄었고, 얼굴은 물기가 가셔서 까실까실하고 햇볕에 타서 자주 껍질을 벗었으니 생김새가 말이 아니다.

어느 날, 집사람이 나의 얼굴을 동정어린 눈빛으로 유심히 들여다보더니 '꾹 짜 놓은 우거지상'이라고 혹평을 하였다. 내가 거울을 들여다보아도 과연 적절한 표현이라고 수긍이 갔다.

나의 우거지상 시절 어느 늦은 봄날이었다. 그 날도 내가 몸담은 낚시회의 버스는 충청도 산간山間의 물 맑고 경치 좋은 저수지에 찾아들었다.

해가 떨어지고 어둠이 내려지면서 본격적인 밤낚시의 삼매경에 빠져들고 있을 때 갑자기 총총하던 별들이 자취를 감추었고 예기치 않았던 지독한 소낙비가 사정없이 쏟아져 내렸다. 일기예보가 정확지 못하던 시절이라 모두가 당황하였고, 더욱이 우의가 변변치 못하여 일행은 너나 할 것 없이 속살까지 비에 흠뻑 젖었다. 이 때부터 추위가 전신을 엄습하고 고통스런 하룻밤의 시련을 이겨내어야만 하였다.

추위에 곱은 손으로 소변 보는 일도 고역이다. 용무는 급하고 어설픈 우의까지 겹쳐 입은 복장의 출구는 질서가 엉망이어서 동서남북을 찾아 헤매야 하니 젖은 손의 물기는 물론, 팔에 맺혔던 빗물까지 손을 따라 내려와서 가장 안전지대인 가랑이 부근도 젖어들게 마련이다. 추위와의 사투가 전개된다.

이렇게 추위에 떨 때에는 나는 고통에 못 이겨 매번 낚시 온 것을 후회하게 된다.

"도대체 이게 무슨 꼴이람!"

"집에 있으면 지금쯤 아랫목에 이부자리 깔고 따뜻이 잠을 잘 텐데……."

내가 이런 고역을 치를 때면 틀림없이 다른 친구들도 예외는 아니다. 우의 스치는 요란한 소리를 내며 누군가가 불빛을 비치며 다가온다.

"회장님! 이거 추워서 야단났습니다. 춥지 않으세요? 딱! 딱! 다닥 다닥!"

이 사람도 상하악골上下顎骨이 마구 제멋대로 방아를 찧는 모양이다. 입술이 제대로 벌어지지 않아서 나오는 말소리가 괴상하다. 얼굴의 피부는 퍼런 닭살이고 추위에 못 이겨 이그러진 눈 구석에는 눈곱이 달려 있다.

전지불이 또 하나 다가온다. 이번에는 쌀가마니가 걸어온다. 이상하여 불을 비춰보니 가마니의 윗부분에 구멍을 뚫어 그곳으로 머리를 내밀고, 가마니의 측면에 구멍을 내서 그곳으로 양팔을 뻗치고 있었다. 살아 있는 허수아비다.

"뜨뜻해요? 헛헛헛헛!"

"이렇게 하니까 겨우 살 것 같네요. 힛힛힛힛!"

허수아비는 그래도 좋단다.

이튿날 새벽, 비가 멈추고 사방이 훤하게 밝아올 때 낚시터의 본의 아닌 가장행렬은 매우 인상적이다.

비닐주머니를 뒤집어쓴 아라비아 스타일이 있고, 거적대기 거지꼴이 있는가 하면, 있는 대로 끼어 입고 우의를 위에 입은 우주비행형도 보이고, 아랫도리를 걷어 올려서 털다리가 인상적인 나룻배 뱃사공형도 보인다.

이와 같은 낚시고행苦行은 어느 면에서 보면 낚시수업修業의 한 과정으로 여겨져서 가끔 회상하곤 유쾌하게 웃어볼 때가 있다.

우리나라의 고화古畵 속에는 멋진 산수화가 눈에 뜨인다. 그 속에는 흔히 낚시하는 사람의 모습이 곁들여져서 한결 그림에 조화를 이루고 있다.

뭍에서 갈대밭 너머로 낚시를 드리운 낚시인의 모습도 볼 수 있고, 어떤 그림에서는 호수에 쪽배를 띄우고 한가로이 낚시를 드리운 낚시인의 모습도 볼 수 있다.

그런 산수화를 대하고 그림 속에 도취되어 있노라면, 우리나라의 낚시가 옛날부터 '선비의 놀음'으로 평가받는 연유를 깨닫게 되고, 낚시가 선禪과 맥을 함께 할 수 있다는 그 뿌리를 찾는 즐거움에 도취되기도 한다.

낚시인은 고기가 낚여도 좋고 낚이지 않아도 좋다. '선비의 놀음'이 여기에 있고 '신선놀음'이 여기에 있다. 낚시인은 홀로 앉아 어신魚信을 기다리며 꿈을 낚고 있는 것이다.

온 땅은 이제 완연한 봄이다.

나는 이 봄과 함께 고화 속의 낚시인처럼 물 맑고 아름다운 호수를 찾아 조용히 꿈을 낚는 낚시인이 되리라 마음을 설레고 있다.

(1991)

오사오생五死五生

나는 오늘도 멀쩡하게 두 눈을 뜨고 있다 이 생각 저 생각을 하기도 하고 세 끼 밥도 제 때에 꼬박 찾아 먹었다. 나는 틀림없이 살아 있다.

그러나 지금까지 살아오는 동안 죽을 고비를 몇 번이나 겪었다. 그 때마다 용케 살아났으니 어려서 할머니가 말씀하시던 '山川자식'임에 틀림이 없는 모양이다.

사람마다 육십이 되면 회갑이라 하여 잔치를 베풀고 본인도 기뻐하고, 주위 사람들도 장수를 축복한다. 과연 사람이 육십 년을 살다 보면 그간에 그 사람 나름대로 죽을 고비를 몇 번을 넘겼으리라 짐작이 가서 나는 나의 과거의 생사 문제를 돌이켜 보고 마음으로부터 남의 회갑을 축복하게 된다.

사실 생각해 보면 문명이 발달하고 의학이 눈부시게 발전한 시대에 산다는 것은, 인생을 오래 살 수 있다는 견지에서 보면 대단히 다행한 일이 아닐 수 없다. 그 옛날 개복수술도 하지 못하던 시대에 살던 우리네 선조들은 맹장염에만 걸려도 속수무책으로 세상을 떴으니 그 때 그 시절에 회갑잔치를 받는 사람들은 지극히 강인한 체력을 가졌을 뿐더러 대단히 운수도 좋은 분들이었다고 생각이 된다.

공중목욕탕에 가 보면 어지간한 사람이면 앞쪽의 배나 뒤쪽의 등허리에 수술 자국 하나쯤은 갖고 있는 것이 눈에 뜨인다. 특히 여자의 경우 중년이 지난 사람치고 복부수술 자국을 안 가진 사람이 없을 정도이니 이와 같은 사람들은 만약에 옛날에 태어나 살았더라면 이 세상을 오래 살 수 없었으리라.

나는 첫 번째 죽을 고비를 여섯 살 때 넘겼다. 신고산에서 살던 때였다. 원인 모를 열병에 시달려서 의사인 아버지도 치료를 하시다가 자신을 잃고 급기야 나를 기차에 싣고 모교인 서울대학병원에 입원을 시켰다. 그간 할머니는 고향에서 부지런히 지신제地神祭를 지내시고, 어머니는 곁에서 밤낮으로 간호하시고, 아버지는 동료 선후배 의사들과 숙의하시면서 치료해 주셔서, 약 오십 일간의 투병 끝에 겨우 소생하였다. 결국 병명도 모르고 막연히 열병이라는 진단이 나왔는데, 할머니는 끝끝내 어느 묘를 잘못 써서 지신地神이 노하셨다고 진단하셨다.

두 번째 고비는 열 살 때에 넘겼다. 함경남도 이원군利原郡 차호遮湖라는 항구에서 깊은 바닷물에 빠져 죽을 뻔한 것이다.

가업이 의사라 공의公醫 제도에 따라서 이사를 다니는 바람에 아홉 살 때 신고산에서 차호로 갔다.

아름다운 항구 차호는 나의 어린 시절에서 가장 추억을 많이 안겨 준 곳으로 이곳에서 나는 나의 꿈을 키웠다. 아마도 우리나라에서 가장 이상적이고 아름다운 항구가 이곳이 아닌가 생각한다.

국민학교 2학년 여름방학, 옆집 친구와 매일 어울릴 때라 그날은 대나무 빗자루에서 그럴싸한 것을 두 대 뽑아서 실을 매어 낚싯대를 만들고 부둣가에 나가 고도리(고등어 새끼) 낚시를 하였다. 더운 여름이라 인적도 없는데 부둣가에서 하품을 하고 있는 전마선(작은 배)을 타고 깊은 바다로 들어가 고기를 낚다가 그만 바다 속에 풍덩 빠지고 말았다. 헤엄도 칠 줄 모르는 나는 물 속에서 몇 번 뒹굴며 허우적거렸는데 한참을 내려가도 바닥에 발이 닿지 않았다. 이제는 죽었구나 겁을 먹고 있는데, 몸이 떠올라 가고, 물 위에서 허우적거리게 된 순간 친구가 내미는 회초리 같은 낚싯대를 용케도 거머쥐고 배 위에 기어올랐다. 신고 있던 고무신 두 짝도 멀쩡하게 벗겨지지 않았고, 바닷물도 먹지 않았고 콧구멍만 시큰했다. 그것도 한두 번 코를 풀고 재채기를 하니 기분이 상쾌하여 얼떨결에 둘이서 껴안고 웃어댔다.

셋째 고비는 열 아홉 살에 넘겼다.

일제에서 해방이 되고 해방과 동시에 나는 단신 월남하여 서울대학교 의예과醫豫科에 입학했다.

여름방학이 되자 고향 생각에 못 이겨 몇몇 남녀 학생들과 이북에 있는 고향으로 향했다.

한탄강 기슭에 다다랐는데 날씨가 워낙 더워 전신이 땀에 젖어 있었다.

물을 보니 당장 뛰어들어 헤엄을 치고 싶었다. 더구나 여학생들에게 용감성을 보여 주고 싶은 마음도 있어서 일행들이 말리는데도 짐을 맡기고 자신 있게 강물로 뛰어들었다. 일행은 저 위의 다리를 건너오기로 하였다. 헤엄을 쳐 강의 중간쯤에 접어드니 비온 뒤의 한탄강이라 물살이 대단했다. 나는 그냥 떠밀려 내려갔다. 강폭이 오륙십 미터밖에 되지 않는 강을 한없이 떠내려가 이백 미터도 넘는 아래쪽 낭떠러지에 다다랐다. 그곳은 물이 아래위로 솟구치고 빙빙 돌아서 몸을 가눌 수가 없는데다 흙이 무너진 벼랑이라 아무것도 잡을 것도 없었다. 그러니 잔뜩 겁을 먹게 되고 몸은 가누기 힘들어서 이제는 죽었구나 단념이 가는데 마지막으로 정신을 차려 용케 배영背泳으로 십 미터쯤 내려가니 그곳에 나무뿌리 같은 것이 손에 잡혀서 간신히 저승길을 면하였다. 가까스로 일행과 합류했을 때 모두는 나의 수영솜씨와 용감성에 탄복하였으나 나는 웃는 얼굴과는 다르게 내심으로 혼비백산하여 초

죽음이 되어 있었다.

넷째 고비.

집에서 여름방학을 지내고 고향 함흥을 떠났다. 이것이 내가 고향을 다녀온 마지막이다. 육지로 38선을 넘는 것이 하도 힘겨워서 바다를 이용하기로 했다. 함흥에서 삼십 리 떨어진 흥남으로 내려가 고등어를 싣고 남으로 가는 길이 십오 미터의 작은 범선을 이용하였는데 그때의 이야기다.

밀선이란 밤에 항구를 벗어나, 돛을 올리고 남으로 미끄러지듯 숨을 죽이고 달리는 배였다. 원산 앞바다를 지나서 오늘 밤에 38선을 넘는다고 기대하고 있는데 갑자기 태풍이 닥쳐왔다. 알고 보니 이것이 일본 사람들이 말하는 2백10일이라는 우리나라의 연례 태풍이었다. 조각배에 탄 나의 신세란 바람 앞의 촛불 같아서 제정신이 아니었다.

전후좌우로 요동을 치는 엘리베이터로 십몇 층을 수천 번 쉬지 않고 오르고 내리고 하는 고문을 당하는 것과 다름없었다. 돛은 부러지고, 한 칸이 겨우되는 선실에선 동료 남녀 유학생 몇 명이 비맞은 생쥐가 되어 서로 얼키고 설키고 초죽음이 되었다. 용케도 바람이 내륙 쪽으로 불어 주어서 우리들은 원산 앞바다의 죽도竹島(우리나라에서 대나무가 있는 북쪽 한계섬)에 닿았고, 그곳에서 겨우 돛을 손질하고 다시 떠나, 흥남을 출발하여 주문진에 닿기까지 무려 16일이 걸렸다. 그때도 틀림없이 죽을 것을 용케 살아남은 것이다.

덕분에 좁은 선실에서 배 멀미에 시달리는 여학생에 안기는 행운도 겪었다.

그 외에 6 · 25종군 때 군의관으로 야간전투에서 박격포탄을 가까이에 맞은 적이 있고 차사고 등으로 아찔했을 때도 있었으나 이런 것을 하나로 묶는다면 나는 틀림없이 오늘에 이르기까지 다섯 번 죽었다가 다섯 번을 살아난 셈이 된다.

사람이 죽고 사는 일은 알 수 없다.

앞으로 나는 몇 번을 더 이와 같은 일을 겪어야 할지 모른다.

나는 생각한다.

오사오생야五死五生也라. 벌써 다섯 번 죽었다가 살아난 몸이라 덤으로 사는 인생이니 남에게 좋은 일, 그리고 나에게 좋은 일 싫도록 하면서 후회없이 살아가련다.

(1980)

물 같이 바람 같이

몇 년 되었다. 눈빛이 꽃사슴처럼 선하고 키가 자그마한 중년의 여스님이 나의 진료실에 찾아와 며칠간 소화불량에 대한 진료를 받고 떠나면서 합죽선合竹扇을 선물로 남겨 주었다.

때가 삼복더위의 막바라지라 그 선물이 더욱 고맙게 느껴졌다. 부채를 펴 들고 얼굴에 부쳐보니 바람이 잘 일고 손에 닿는 감촉으로 보아 정성들여 만든 물건임을 알 수 있어서 애착이 갔다. 부채의 앞면을 살펴보니 그곳엔 다듬어진 붓글씨로 다음과 같은 선시禪詩가 적혀 있었다.

청산은 나를 보고 말 없이 살라 하고
창공은 나를 보고 티 없이 살라 하네.
탐욕도 벗어 놓고 성냄도 벗어 놓고

물 같이 바람 같이 살다가 가라 하네.

(경오 한여름 나옹선사 선시 일절을 씀 석초)

나는 그 선시를 처음 대하는 순간 대단히 흥미를 느꼈다. 두 번 읽으니 더욱 내용에 관심이 가고, 세 번째 소리내며 읽고 나니 감탄사가 저절로 나왔다. 그 때의 심정은 귀한 보물을 찾아낸 희열과 같은 벅찬 것이었다. 근래에 내가 느끼고 추구하는 마음의 자세를 대변해 주는 아름다운 선시여서다.

세상을 살아가노라면 인간사회에는 말이 많다. 당치 않는 이유는 변명도 많고, 탓도 많고, 자기자랑도 많다. 청산靑山처럼 푸르게 듬직하게 말없이 살라는 나옹懶翁의 가르침이 먼저 마음에 와 닿는다. 청산이란 넓은 의미에서 뼈를 묻는 산 즉, 분묘墳墓의 땅이란 뜻도 있어서 이 낱말을 대할 때 마음속엔 친근감과 함께 숙연함을 느끼게 된다.

티 없이 산다는 것은 몸과 마음을 깨끗이 가꾸라는 뜻이다. 나옹은 창공蒼空처럼 티 없이 맑게 살라고 가르침을 준다. 푸른 하늘에는 은하수도 흐르거니와 그곳엔 절대적인 권위가 존재한다. 따라서 예부터 인간들은 하늘에 맹세를 하고, 하늘을 우러러 한 점 부끄럼 없이 산다고 시인도 읊었다. 창공처럼 티 없이 깨끗이 살라는 표현은 심금을 울린다.

탐욕도 벗어 놓고 성냄도 벗어 놓고는 인간의 본성 중에서도 가장 흉하다 할 수 있는 마음을 경계하고 그것에서 벗어나란 뜻이 되겠다.

탐욕은 고귀한 인간의 이성과는 거리가 먼 미욱한 사람의 전유물이다. 다듬지 않고 정화되지 않은 가치관에 사로잡혀 남은 아랑곳없이 나의 이익만을 추구하는 어리석은 사람들에게서 흔히 볼 수 있는 보기 흉한 심리작용이다. 우리들은 주변에서 탐욕에 눈이 먼 사람들을 가끔 볼 수 있다.

성냄이란 화를 낸다는 뜻이다. 화를 낸다는 것은 미워한다는 사실과도 상통한다. 분노나 증오 감정은 건강에 지극히 해롭다. 그것은 곧 스트레스로 작용하고 스트레스는 몸의 면역기능을 저하시키고 질병에 대한 저항력을 약화시켜서 건강을 해치게 된다. 인생은 사랑 속에 살면 행복하고, 증오와 분노 속에 살면 불행하게 된다는 이치가 여기에도 해당된다.

사람의 웃는 얼굴은 아름답고 성낸 얼굴은 그 사람이 간직하는 표정 중에서 가장 못난 얼굴이다. 눈은 째지고 눈꼬리 올라가거나 내려가고 입가에는 경련이 일고 때에 따라서 게거품을 물게 된다. 얼굴색도 붉으락푸르락이니 누가 보아도 입맛이 가시고 혐오스런 표정이 된다. 그러지 않아도 인종적으로 별로 잘 생기지 못한 몽고리안 얼굴을 부드럽게 인상 좋게 가꾸지는 못하더라도 화를 내서 흉측한 표정을 짓는 일은 본인을 위해서나 타인을 위해서나 삼가는 것이 현명하겠다.

그 옛날 고려시대 공민왕恭愍王의 왕사王師였던 고승高僧 나옹이 인생을 물 같이 바람 같이 살다가 가라고 읊었다.

무한하고 영원하고 신비스런 대자연을 생각할 때 미미한 인간으로서 저절로 고개가 숙여진다. 우리의 삶이란 유한의 어느 순간에 지나지 않은 극히 보잘 것 없는 것이란 생각이 들기도 하고, 인생이란 끝없는 여정에서 잠깐 머무는 여인숙 생활과 같이 허무하고 서글픈 것이란 생각에 잠길 때도 있다.

나 이제 인생의 마루턱을 넘어섰다. 여기에서 새삼 나를 돌아보게 되며 앞으로의 여생을 더욱 후회없이 아름답게 가꾸어야겠다는 생각에 잠긴다.

위대한 대자연의 진리와 정서를 겸허하게 받아들이고 청산처럼 말 없이, 청공처럼 티 없이 탐욕이나 성냄도 멀리하고, 물 같이 바람 같이 행운유수行雲流水처럼 살다가 가야겠다고 다짐해 본다.

(1992)

조밥

우리나라에 있어 '조'는 오곡의 하나다. 38선 이남에서는 밭에서 '보리'를 흔히 보지만 이북 땅에서는 보리밭 대신 눈에 뜨이는 것이 조밭이다. 그 고장에서는 밭농사라 하면 주로 조농사를 말한다. 특히 함경도의 높은 지대에 있는 밭은 9월이 되면 조 이삭이 패고 열매를 맺어 누릿누릿 퍽이나 탐스럽게 보인다.

나는 어려서 함경남도의 신고산新高山에서 자랐다. 신고산은 우리나라 타령에도 나오는 곳으로, 강원도의 철원에서부터 오르막길을 백 리 가량 올라가면 삼방三房이라는 경치 좋은 산중 마을에 도달하고, 이곳에서 내리막길로 약 오륙십 리 내려가면 넓은 들판이 펼쳐지는데, 바로 이 들판 가운데 아담한 마을을 형성하고 있는 곳이 신고산이다.

그 옛날 신고산 마을이 생기기 전에 있었던 구고산舊高山은 그곳에서 동남간으로 십 리 떨어진 곳에 있다.

"신고산이 우루루 함흥차 가는 소리에 구고산 큰애기 반봇짐 싸고 떠난다……."

신고산타령을 들으면, 나는 어려서 자랐던 그 시절의 동심을 생각하고 히죽이 웃을 때가 있다.

국민학교 가기 전의 개구쟁이 시절, 아침에 밥을 먹고 나면 집을 뛰쳐나가 옆집의 '넷째'를 만나 신고산의 논밭과 넓은 들 그리고 시냇가에서 종일 뛰어 놀았다. 깨끗이 빨아서 손질한 때때옷을 입어도, 세차고 짓궂은 장난을 하다 보면, 옷은 온통 흙투성이가 된다. 저녁에 집에 들어갈 때면 어머니 눈에 뜨일까 봐 뒷걸음으로 엉기엉기 궁둥이부터 들이밀고 눈치를 보며 들어가다가 들키면 볼기짝에 야무진 매를 얻어 맞던 기억이 지금도 새롭다.

'넷째'는 여인숙을 하던 옆집의 넷째 아들이었다.

나와 넷째는 언제나 짝궁이 되어 놀았는데 해가 서산에 뉘엿뉘엿하고 집집마다 굴뚝에서 연기가 피어오르면 그 때서야 허기가 져서 집으로 돌아오곤 하였다.

나의 집 앞문은 병원의 출입구라 저녁에 집에 들어갈 때면 울타리도 없는 넷째네 넓은 마당을 지나서 뒷문으로 들어가게 된다. 그 때 문을 활짝 열어제낀 넷째네 집 방에 의젓이 놓인 밥상이 눈에 뜨일 때가 있다. 밥상에는 언제나 노란 조밥이 올라 있고 칼질이 몇 번 가지 않은 통배추 김치가 놓여져 있었다. 방 가운데 놓인 밥상이 눈에 뜨일 때마다 그 노란 조밥이 나의 눈을 자극하고, 손으로 쭉쭉 찢어 먹을 통김치가 몹시 입맛을 돋우어 군침을 삼키게 하였다.

나는 집의 하얀 밥과 넷째네 노란 조밥을 바꾸어 먹을 수는 없나 하고 고심을 하였으나, 그와 같은 말을 할 만한 숫기도 없어 그저 애태우기만 하였다. 그러던 어느 날, 넷째네 집 사랑방에서 놀다가 저녁이 되어 밥상이 들어오게 되었다. 넷째 어머니는 나와 놀고 있던 넷째를 불러 상머리에 앉혔다. 나는 미적미적하며 집에 갈 생각도 않고 나도 함께 밥상머리에 앉을 수 있기를 은근히 바라고 있었는데, 그의 어머니는 웃는 얼굴로 한 마디 말씀하셨다.

"형주야, 가서 저녁식사를 해야지. 너의 집에는 하얀 쌀밥이 기다리고 있을 텐데……. 너에게 밥을 먹으라고 권하고 싶어도 조밥에다 찬이라곤 김치밖에 없으니 그럴 수가 없구나. 집에 가렴."

김이 무럭무럭 나는 꿀밤처럼 맛있는 조밥을 뒤에 두고 맥없이 일어서서, 발을 비비다시피 마지못해 고무신을 신는 나의 서운한 마음은 달랠 길이 없었다.

오십이 넘은 지금에도 신고산타령을 들을 때면 그리운 고향 생각과 함께 넷째네 조밥이 잊히지 않고 떠오른다.

(1982)

금혼여행金婚旅行

서양西洋 풍습에서 결혼 50주년을 축하하는 의식을 Golden Wedding(金婚式)이라 하고, 60주년은 Diamond Wedding이라 한다. 우리나라에서는 예부터 부부가 혼례한 지 60주년 되는 날을 회혼례回婚禮라 칭하고 큰 잔치도 하는데, 50주년 잔치는 없었던 것으로 안다.

나와 아내는 1955년 4월 11일 서울에서 결혼하고 금년에 금혼식을 맞이하게 되었다. 주례사의 말씀대로 이제는 검은 머리가 파뿌리로 변하였다. 지나온 세월이 짧게도 느껴지고 길게도 느껴진다.

우리의 만남은 6 · 25 동란 중인 1952년 피난지 부산에서 이루어졌다. 그해 나는 부산의 전시연합대학 가교사에서 의과대학을 졸업하고, 아내도 그곳에서 S여대를 나왔으니 우리는 졸업 동기생이다. 나이는 내가 25세 아내는 23세, 나는 의예과醫豫科 2년의 과정을 이수하였으니 내가 2년 연상이다.

당시 나는 졸업과 동시에 육군 군의관 중위로 현지 임관되어 광복동에 위치한 육군병원에 배속되었고, 아내는 대학 졸업과 동시에 용두산 기슭에 자리잡은 N여고 교사로 재직하게 되었다.

그해 초가을 나의 친한 중학교 동기생 박군의 결혼식이 있었고, 나는 신랑의 들러리를 서게 되었다. 그때 아내는 친구인 신부의 들러리를 서게 되었으니 이것은 우리에게 예사로운 사건이 아니었다.

슬쩍 곁눈질해 본 아내의 첫인상이 수더분한 것이 우선 마음에 들었고, 첫 인사에서 부드러운 웃음과 음성에 더욱 관심이 갔다.

가을도 깊어가던 어느 날 우리는 그날도 다방에서 차 마시며 이야기도 나누고 밤거리를 거닐다가 영도다리를 건너게 되었다.

밤 항구의 불빛은 잔잔한 바다 위에 어른거리고 상쾌한 산들바람이 두 연인의 얼굴을 스친다. 그때 나는 나도 모르게 옆에서 한 걸음 뒤져 따라오며 속삭이는 여인의 손을 슬며시 잡았다. 처음 잡아 본 손이다. 순간 여인은 몸을 움츠리고 쑥

스러워서 옆으로 게걸음을 하였다. 그러나 내가 잡은 손을 뿌리치지는 않았다.

그해 12월, 중부전선에서 중공군中共軍과 대치한 6사단에 전속 명령을 받았다. 철원 북방에 위치하고 있었다.

부산에서 헤어질 때 나는 늘 만나던 "금잔디 다방에서 다시 만나는 날까지!"라는 사인을 수첩에 남겨주고 이별을 고하였다. 다음 날 아침 떠나는 기차 정거장에는 그녀가 나오지 않았다. 이별의 고통을 덜기 위해서였다.

사단에서 곧 연대로 배속되고 그로부터 수 개월간, 이삼 일 걸러 벌어지는 치열하고 처참한 야간전투에 연대의무대장으로서 생사를 넘나들며 참전하였다. 심신의 피로가 극에 달하였다. 그러나 사랑하는 여인과 편지를 주고받는 기쁨이 있었기에 그 엄청난 고통도 이겨낼 수 있었다.

그 후 1년이 지나면서 우리들은 서울에서 다시 데이트를 즐기게 되었다. 운명의 여신은 결코 우리를 버리지 않았다. 나는 전방에서 경복궁 옆에 위치한 수도 육군병원에 전속되어 서울에 왔으며, 아내는 D여고로 전근되어서 이미 서울에서 근무하고 있었다.

회고컨대 우리들은 3년간의 교제 끝에 결혼하였다. 그 후 결혼생활도 비교적 순탄하였다고 생각되며 무엇보다 현재 우리 두 사람의 건강이 양호하여 일상생활에 별다른 지장을 초래치 않음을 다행으로 생각한다. 즐겁고 기쁜 이틀간의 금혼여행을 다녀왔으니 그저 감사할 따름이다.

'결혼이란 서로의 모자라는 것을 채워주는 것'이란 말이 있다. 50년이라는 결코 짧지 않은 세월을 함께 살아오면서 서로의 모자라는 것을 채워주며 오늘에 이르렀으니 나로서는 새삼 아내가 고맙고 지나온 세월이 대견스럽게 느껴진다. 우리는 금혼식을 맞으면서 무엇인가 자축하고 싶은 생각이 간절했다. 며칠간 상의를 거듭하면서 드디어 금혼여행을 떠나자고 합의를 보았다. 행선지는 추억어린 부산이고, 차편은 고속전철.

금혼여행이라고 이름을 붙이니 낭만적인 느낌이 들어서 나쁘지 않았다. 5월 초순 어느 날, 아침 아홉시 서울역에서 고속철에 몸을 실으니 차는 시속 300㎞의 초고속으로 질주하였다. 우리들은 2시간 40분의 주행 끝에 어김없이 부산에 도착하였다. 역전에서 택시를 타고 예약된 해운대의 호텔로 향하였다. 차창 밖으로 전개되는 부산거리의 모습은 낯설기만 하였다. 50년 전의 부산은 어디에서도 찾아볼 수 없었다.

호텔에서 점심식사를 마치고 오후 2시 관광택시의 안내를 받아 부산의 동북부 일환을 돌아보았다. 송도해수욕장에도 들러 보고 마침 '석가탄신일'을 축하하며 길가에 줄서서 대롱거리는 연등에 이끌려 장안사長安寺를 위시하여 몇 곳의 사찰로도 발을 옮겼다. '오륙도'에 가보니 그 모습은 예전과 변함이 없어 반가웠다. 드디어 부산 앞바다에 어둠이 깔리면서 전장 7.5km의 광안대교廣安大橋에 장식된 무수의 전등이 켜졌다. 뒷산에 올라가 화려한 야경을 내려다보니 그 아름다움에 감탄사가 저절로 났으며, 과연 부산의 명물임을 실감하였다. 저녁에 밤하늘의 별을 보며 파도소리를 벗삼아 마음은 청춘으로 돌아가 해운대 해변을 산책하였다.

다음 날 아침 나머지 서남부 일원을 돌아보았다. 용두산 공원에 오르고, 자갈치 시장에도 들르고 광복동에 도달하였다. 그 시절에 그토록 낭만이 넘치고 화려했던 번화가의 모습은 어디 가고, 광복동 거리는 초라하고 좁다란 골목길처럼 보잘것 없이 변모해 있었다. 세월의 뒤곁에 밀려난 광복동 거리의 모습에서 나는 지금의 나 자신의 자화상을 떠올리며 씁쓸한 마음 금할 길이 없었다.

새로 놓인 현대식 교각인 영도대교를 건너 영도땅에 들어섰다. 태종대 일환을 둘러보고 점심 식사는 '복국' 잘한다고 알려진 식당에서 본고장의 맛을 즐겼다. 영도를 벗어나 되돌아오는 길에 옛날의 추억어린 영도다리를 건너게 되었다.

다리의 중간에서 우리는 차에서 내려 53년 전에 첫사랑을 불태우며 걸었던 그 다리 위를 나란히 걷게 되었다. 나는 문득 옛날 생각이 나서 다정스레 아내의 손을 잡았다. 그 시절엔 그토록 잡기 힘들었던 손이다. 그러나 옛날에 수줍어서 게걸음치던 아내가 이제는 아무런 주저도 없이 잡힌 손에 힘을 주고, 나를 쳐다보며 다정스레 웃는다. 틀림없이 그녀도 영도다리에 얽힌 옛날의 추억을 잊지 못하고 있었다.

서둘러 기념사진을 찍고 그곳을 떠나게 되었다. 뒤돌아보는 영도다리는 말이 없고 금혼여행길의 노부부의 마음은 차분히 그 옛날을 더듬고 있었다.

트로이메라이

일제시대 말기에 우리나라 방방곡곡을 누비고 다니던 연극단이 있었다. 그 하나가 '청춘극장'이요, 또 하나는 '유랑극장'으로 기억한다. 텔레비전도 없었고 영화산업도 제대로 발전되지 못했던 시절이라 사람들은 이 극단이 흘러오다시피 찾아오면 남녀노소를 막론하고 온 마을의 축제처럼 마음으로부터 크게 환영하고 관람에 열을 올렸다.

그 시절 미성년자의 극단 관람은 엄금되어 있었다. 만약 중학생 신분으로 그곳에 출입하다가 발각되면 정학이라는 엄한 벌을 받게 되어 있어서 나는 식구들이 몰려가는 함흥 시내에서의 극단 관람은 마음먹을 수가 없었다. 그러나 감시나 적발하는 선생님도 없는 시골에서 청춘극장의 공연을 단 한 번 볼 수 있는 기회를 가졌다. 그것이 계기가 되어 나의 음악인생에 긍정적인 변화가 시작되었다면 나에게 있어 그것은 커다란 의미를 지닌 사건이 아닐 수 없다.

당시 극단마다 주연 배우로 이름을 떨친 사람이 있었다. 황철이와 심영이라는 두 사람의 이름이 기억에 있다. 그들이 공연하는 연극의 대부분이 비극이었다. 따라서 연극 관람에 간다는 것은 누구나 눈이 부어오르도록 울려고 간다는 표현이 어울렸다. 나는 그때에 본 연극의 제목을 기억하지 못한다. 그러나 무대 위에서 그 시절의 모든 사람들의 선망의 대상이었던 대학생이 검은 사각모에 검은 망토를 걸치고 얼굴엔 진한 분칠을 하고 나타나서 멋진 대사를 읊으며, 댕기머리의 가련한 처녀와 사랑을 연출하던 장면은 기억에 생생하다. 사춘기의 나에게는 감당키 어려운 자극이었다. 연극이 차차 무르익으면서 눈물을 유도하는 장면이 다가왔다. 모진 시어머니의 학대에 못 이겨 몸부림치는 애처로운 며느리의 가련한 처지에 동정하여 장내가 흐느끼는 울음바다가 되었다.

그 때에 무대 뒤에서 은근히 흘러나온 감미롭고도 애처로운 멜로디는 모든 사람의 가슴에 파고들어 더욱 서러움을 유발하여 드디어 소리내어 우는 사람도 있었다. 여주인공인 며느리는 무대 위에서 통곡하고 관중들은 관람석에서 제각기 서러워서 울었다.

아마도 자기 신세타령도 함께 폭발하여 이래 서럽고 저래 눈물나고, 더욱이 백뮤직으로 흐느끼다시피 마음을 울리는 바이올린의 선율에 더욱 서러워서 덩달아 너나 할 것 없이 소리 내어 울지 않을 수 없었다.

나는 그 때에 들었던 그 인상 깊었던 멜로디를 가슴속에 깊이 간직하게 되었다. 그러나 그 곡목은 알 길이 없었다. 내 나이 15세, 중학교 2학년 여름방학 때 시골 친구들을 찾아가서 겪은 일이다.

함흥의 번화가는 군영통軍營通이라 이름 붙여진 큰길가에 형성되어 있었다. 그 중심부에는 백화점도 있었고 우체국도 있었다. 그런 큰 건물 옆으로 상점들이 줄지어 있었는데 그 상점들 사이에 자그마한 악기점도 있었다.

그 날은 길가에 가로수의 낙엽이 뒹굴고 있었다. 여름방학 때 초등학교 4학년까지 다녔던 아름다운 어촌 차호遮湖에 다녀온 여음이 겨우 가실 무렵이었다. 학교의 방과후에 테니스를 치고 허기져서 서둘러 집으로 오고 있었다. 군영통을 바쁜 걸음으로 지나고 있었을 때 악기점에서 흘러나오는 귀에 익은 바이올린 선율에 나는 가슴이 뛰었다. 청춘극장에서 나를 울린 바로 그 음악소리임을 알아차린 나는 서슴없이 가게로 뛰어들었다. 그리고 그 음악이 〈트로이메라이〉 즉, 독일어로 꿈이라는 사실을 비로소 알게 되었다. 이것은 나에게 있어 대단히 큰 사건이었다. 오매불망 찾아 헤매던 보물을 찾은 것과 같은 벅찬 감격을 안겨주었다.

나는 그 날로 〈트로이메라이〉 판을 손에 넣었다. 엘만의 연주로 되어 있었다. 집에 돌아와 유성기에 매달려 팔이 아프고록 태엽을 틀며 그 곡을 되풀이 들었다.

당시 집에는 가족들의 기호에 따라 일본 유행가와 한국 유행가는 많이 있었다. 그러나 세계 명곡은 없었고, 우리나라 가곡도 별로 없었다. 그 시절 테너 이인범 씨와 소프라노 김천애 여사가 한참 날렸고, 현제명 선생이 이들 성악가를 이끌고 가곡들을 공연하면서 전국을 순회하던 시절이다. 집에는 〈봉선화〉 판이 한 장 있었던 것으로 기억한다.

그 후 학교에서 돌아와 시간이 나면 유성기를 마주하고 〈트로이메라이〉를 감상하였다. 언제 들어도 그 곡은 나의 마음을 흔들었다. 때에 따라서는 소년의 비애와 애수 같은 막연한 서러운 마음을 자극하여, 나도 모르게 눈물짓게 하는 경우도 있었다. 나는 그 곡명을 '꿈'이라기보다 '오열'이라고 명명하는 것이 훨씬 실감이 날 것이라고 혼자서 마음먹고 있었다.

나는 이 슈만 작곡의 〈트로이메라이〉에 매료되면서 양악洋樂에 비로소 눈뜨게 되었고, 바이올린이라는 악기에 대단한 미련을 갖게 되었다. 그 후 바이올린도 손에 넣고, 한동안 독학으로 그것에 열중하고 〈트로이메라이〉를 서툰 솜씨로 연주하게 될 때까지 얼마나 애를 먹었던지 그 시절을 잊을 수 없다. 결국 아무리 하여도 엘만의 연주처럼 매끄럽고 훌륭한 연주를 할 수 없음을 깨닫게 되면서 미련없이 바이올린 수업에서 손을 때었다. 마땅한 지도를 받을 선생도 없어서 제대로 기초를 닦지 못한 탓에 바이올린 연주가의 꿈은 깨졌다.

그러나 그 때부터 세계 명곡에 대한 레코드 수집이 시작되었다. 멘델스존의 바이올린 협주곡을 필두로 우선 바이올린 협주곡들을 구입하고, 피아노 협주곡과 교향곡, 그 후 성악에 관심이 깊어지면서 이탈리아 가곡을 위시하여 각국의 가곡집들, 드디어는 오페라에 흥미를 느끼고 〈라 트라비아타〉를 감상하면서부터는 한동안 오페라 레코드 수집에 열을 올렸다. 그리하여 나의 중학교 4학년 때에는 내가 수집한 레코드판이 장 속에 가득하였다.

교향곡 〈비창〉을 들으며 눈물짓던 조숙한 나의 소년 시절을 되새기면서 지나온 나의 음악에 관한 정서를 회상해 본다.

오늘 아침에도 나는 진료실로 출근하기 전에 조간신문을 펼쳐보고 이북에 두고 온 고향을 그리며, 〈향수〉 한 곡을 들었다. 나는 오늘에 이르기까지 희로애락을 음악으로 조절하고 가꾸었다고 말할 수 있다.

초등학교와 중학 시절에는 음악시간과 미술시간이 가장 즐거운 시간이었다. 의과대학 재학 시절에는 합창단에서 노래부르는 즐거움이 고된 고학의 역경을 이겨내는 데 크게 도움이 되었다. 의사생활 40년, 격동의 세월이었으나 의학이라는 정이 많이 숨쉬는 학문을 하면서 영원히 아름다움을 간직하는 음악이 나의 몸에 배어 있어서 별다른 고통없이 일생을 즐겁게 무난하게 살아온 것 같다.

나는 요즈음도 시간이 나면 오페라나 뮤지컬, 연극, 음악회 관람 등에 즐겨 다닌다. 지난 월드컵 축구 폐막제에서 파바로티의 아베마리아(슈베르트) 열창의 완벽함에 매료되어 나도 모르게 텔레비전 앞에서 혼자서 크게 손뼉치고 탄성을 지르기도 하였다. 음악이 나의 생활의 일부로 동화되었음을 알 수 있다.

어릴 때 우연히 감명깊게 들었던 〈트로이메라이〉 한 곡이 나에게 음악을 깨우치고 나의 일생에 이렇게도 엄청나게 긍정적인 영향을 주었음을 나는 그저 고맙게만 생각한다.

된장찌개

나는 삼남이녀의 형제 가운데 둘째 아들로 태어났다. 위로는 누나와 형이 있고 아래엔 여동생과 남동생을 두었으니 크면서 형제자매에 대한 부러움을 모르고 자랐다.

우리 형제들은, 제일 위인 누나와 형의 나이 차이가 두 살이고 그 다음부터는 삼 년 터울이어서 어머니로서는 우리들을 낳으시는데 비교적 마음의 여유를 가지셨으리라 생각된다. 즉, 아이를 하나 낳고 일 년이 지나면 아이 보는 처녀의 등에 업혀 자주 독립을 시키고 몸과 마음의 여유를 충분히 얻으신 연후에 다음 아이를 가지셨으니 이상적이라 할 수 있다. 또 성性이 다른 아이를 번갈아 낳으셨으니 젖을 물리고 기저귀를 갈아 채우는 재미도 보셨으리라 생각된다.

형제가 어려서 자라는 과정에 싸움이 없을 수는 없다. 특히 터울이 잦으면 싸움이 많고 같은 성性이 연결되어 있으면 더 다툼이 심한 법이다. 나는 내 바로 위에 형을 두었다. 말이 세 살 차이가 엄격히 따지면 두 살이 조금 넘는 차이에 불과했다. 형은 어려서부터 약질로 자라고 나는 그런 대로 튼튼하게 자란 셈이다.

내 나이 6, 7세가 되면서부터 우리 집에서는 나와 형과의 다툼이 잦아졌다. 그 때마다 부모에게 야단을 맞는 쪽은 틀림없이 나였다. 아랫놈이 형에게 덤벼든다는, 지극히 윤리적인 판단에서였으나, 그 때의 재판은 옳고 그른 전후를 따진 판단에서가 아니어서 나는 부모가 대단히 원망스러웠다.

설날이 가까워 오면 명절이라고 해서 새 옷을 한 벌씩 얻어 입게 되는데 다른 형제는 모두 새 옷을 사 주고 나만 형이 입던 옷이 엇비슷하게 맞는 것이 있으니 물려 입으란다. 또 형은 주위의 모든 사람에게서 얌전하고 샌님 같다고 칭찬을 받는다. 장난도 심하지 않고 언제나 의복도 곱게 입고 나에게까지 물려주었다. 나는 장난이 심한데다가 형이 실컷 입어서 겉은 멀쩡해도 속은 이미 낡아 있는 옷을 물려 입었으니, 입은 지 며칠이 되지 않아 옷의 무릎이나 팔꿈치부터 터져나가게 마련이다. 그러면 어른들은 이렇게 말했다. "이 아이는 장난이 심해서 옷이 며칠 가지 않는다."고. 이와 같은 일들이 어린 나의 마음에 항시 불만을 일으키게 하여 상대적으로 나는 형에 대해서 호전적일 수밖에 없었다.

식사 때 둥그런 밥상머리에 형제가 둘러앉으면 대개의 경우 한가운데 커다란 뚝배기가 놓이고 안에서는 걸다란 된장찌개가 냄새를 풍긴다. 얼른 숟가락이 그 속에 들어간다. 한두 번 뒤적거리다가 숟가락에 덩어리가 닿는 감각이 있으면 떠서 입 속에 넣고 먹어 본다. 요행히 쇠고기 덩어리면 더 좋고 그것이 채 부스러지지 않은 된장 덩어리라도 얼굴색 하나 찡그리지 않고,

"어이 고깃덩어리 맛이 좋다."고 냠냠하면서 약을 올린다. 형도 그랬고 나도 그랬다.

그러다가 형이 중학교에 들어가니 형은 형대로 아량이 생겼고, 나도 중학교에 들어간 형이 어쩐지 어려워져서 그 때부터는 우리들 형제간의 의가 좋아졌다.

지금은 남과 북으로 헤어진 나의 그리운 형제들을 가끔 꿈에서 만나보고는 애타게 재회를 열망하는 슬픔에 잠기곤 한다.

(1980)

아름다운 '타지마할'

타지마할은 세계에서 가장 아름답고 우아한 건물이란 찬사를 받는다.

인도의 대표적인 이슬람건축의 하나로, 아그라시市의 교외 아그라성城 동쪽 약 2㎞에 위치하며, 궁전 형식宮殿形式의 묘墓로, 가까이에 푸르자무나강을 끼고 있다.

타지마할이란 '마할의 왕관'이란 뜻이다. 인도의 무굴제국의 제5대 황제인 샤자한이 애비愛妃 뭄타지마할의 죽음을 애도하여 1630년부터 18년간 국가 재정을 기울게 할 정도의 거액을 들여 건립하고, 나라의 보물과 미술 · 공예품을 이곳에 모아 놓았다.

타지마할의 대문을 들어서면 중앙에 깨끗한 물을 담은 연못이 있고, 그 양측의 곧게 뻗은 길옆에 다듬어진 나무들이 도열

하고, 그 녹색 그림자가 물에 비쳐서 더욱 아름답다. 저 건너편에는 수줍은 듯이 타지마할의 우윳빛 대리석이 우아한 모습으로 다소곳이 자리하고 있어서 그 조화의 아름다움은 몇 마디의 말로는 도저히 형언키 어렵다.

처음 타지마할을 대하는 사람은 누구나 그 아름다움에 압도되어 대문에 들어선 순간 마법에 걸린 사람처럼 저절로 탄성을 지르고 압도당하고 경직된 상태로 사방을 둘러본다. 그 조화를 이룬 색조의 아름다움, 백조白鳥를 연상케 하는 건물의 수려하고 우아함, 그것들은 차라리 꿈에서나 볼 수 있는 환상적인 신비스런 미美라고 표현하여도 과언은 아니다.

나는 그간 해외여행을 비교적 자주 하면서 지구촌의 여러 곳을 보고 다녔다. 그 중에서 가장 인상에 남는 아름다운 건물을 손꼽으라면 서슴없이 인도의 타지마할을 가리킬 것이다. 타지마할은 그토록 강렬하게 나의 가슴속에 아름다운 추억의 영상으로 새겨져 영영 지워질 수 없게 되었다.

타지마할에 얽힌 이야기는 어느 정겨운 동화 속의 이야기처럼 마음에 울려온다. 인도 무굴왕조는 1526년 창업되고, 331년간 인도 전토를 통치한 후 19세기 중반에 영국에서 망한 인도 이스람제국의 마지막 왕조였으나, 한때는 찬란한 문화를 이루었었다. 특히 4대의 자한기르 및 5대의 샤자한시대에는 페르시아풍의 문화양식을 도입하여 회화 · 건축 · 음악 · 문화의 각 분야에서 매우 훌륭한 작품을 남기기도 하였다.

뭄타지마할 왕비는 무굴 5대왕인 샤자한의 왕자 시절 20세의 나이로 결혼하여 무굴제국 최전선 데칸지방의 영주로 부임하는 남편을 따라 고락을 함께 하였다. 무굴제국엔 장자상속법이 없었다. 왕자들 사이에 임금 자리를 놓고, 갖은 모략과 모함이 행해지고 처참한 혈투 끝에 그 승자가 왕위에 올랐다. 그간 뭄타지마할의 내조의 공이 대단히 컸다고 전해진다. 왕위에 오른 샤자한은 데칸지방에 원정을 가게 되고, 뭄타지마할 왕비도 동행하였다.

그러나 그 전쟁터에서 왕비는 왕자를 출산하면서 열병에 걸려 샤자한이 지켜보는 가운데 애절하게 세상을 뜨게 되었다. 그 때 왕비는 사랑하는 왕의 손을 꼭 잡고 말하기를 영원히 떠나는 자기를 위하여 이 세상에서 가장 아름다운 묘를 지어달라고 간절한 소망을 유언으로 남겼다.

절세미인이었다는 뭄타지마할을 잃은 샤자한의 슬픔은 형언키 어려웠다. 그 다음 해 1632년 원정이 끝나면서 왕은 타지마할 건립에 착수하게 되었다. 설계는 페르샤와 인도의 건축가들에 의하여 이루어지고, 건축자재는 샤자한이 좋아했던 백대리석을 사용하게 되었다.

곧 인도는 물론 페르샤 · 중앙아시아 · 오스만 · 터키제국 등 회교문화권의 각지로부터 저명한 건축가 · 공예가 · 서예가 등이 초빙되고, 그 아래에 약 2만 명의 기술자가 붙어서 공사가 진행되었다. 현장 부근에는 직공들을 위한 타지간다라는 새로운 거리가 세워졌다.

회교에서는 우상엄금偶像嚴禁이다. 따라서 힌두교 · 기독교 · 불교 등의 건축과는 다르게 인물이나 동물의 상像은 일체 없고, 장식으로는 기하학적 무늬, 풀이나 꽃 모양, 그리고 코란의 성구聖句를 나타내는 아라비아 문자만이 사용되었다.

주건물인 묘의 건축에 10년 반이 걸리고, 정원 문루門樓 회묘回廟 등의 부대공사를 합치면 도합 22년이란 긴 세월이 소요되었다.

묘의 본체는 8각형이고 그 중앙에 커다란 돔이 올라 있다. 네 귀퉁이엔 각각 작은 돔이 세워졌는데 조화를 이룬다. 또 기단基壇의 네 모서리에는 가늘고 높은 탑이 있어서 중앙의 육중한 본 건물과 멋진 대조를 이루고 있다.

이러한 건물들은 전체가 백대리석으로 되어 있어서 우아한 미인이었던 뭄타지마할을 상징하는데 대단히 어울린다고 생각된다.

주건물의 높이는 65m, 현대건축의 16층 이상 되는 높은 건물인데도 실제로 대하면 전체의 균형과 조화가 잘 잡혀 있어서 그다지 크게 느껴지지 않고 그저 아담한 건물로만 보인다.

정원의 분수는 그 옛날에는 물을 뿜었다고 하나 지금은 고장난 상태였다.

정문正門은 폭이 45m, 높이 30m의 당당한 3층 건물로 되어 있다. 출입문의 장식은 은銀제였으나, 후세의 전란으로 청동으로 바뀌었다.

현재 타지마할 묘 속에는 뭄타지마할 비의 무덤 옆에 샤자한의 무덤도 함께 있다. 그의 아들인 제3왕자 아우란제부의 특별한 배려로 샤자한이 그의 애비愛妃 뭄타지마할과 함께 아름다운 타지마할 묘묘墓廟 속에 가지런히 누워서 영원히 잠을 자게 되었다.

달밤에 보는 타지마할은 더욱 신비스럽고 아름다워서 말로는 표현할 수 없는 꿈의 건물로 세상에 알려져 있다. 타지마할과 달밤이 더욱 더 잘 어울리는데 그곳에 얽혀 있는 사연의 감미로움이 한 몫을 하고 있었다.

3부

속고 속이고

군의관으로 6 · 25동란을 겪고 휴전이 되면서 일선 사단 근무에서 후방인 논산훈련소로 전근되었다.

그 때 3년간 교제 후 약혼상태에 있던 나와 아내는 곧 결혼하고 논산 마을 밖의 초가집 사랑방을 얻어 깨끗이 도배를 하고 달콤한 신혼생활에 젖어 있었다. 스물여덟에 총각을 면했으니, 아내가 사랑스럽고 귀여워서 업어도 안아도 시원치 않았다.

그러던 어느 날 나는 대전으로 출장을 가게 되었다. 마당과 부엌을 맴도는 토종 강아지에게 아내가 혼자 있는 집을 잘 지키라고 타이르고 대문을 나섰다. 호주머니에는 그간 꿍쳐두었던 제법 부피가 있는 돈뭉치를 움켜 넣고 아내에게 사 줄 선물을 골몰히 생각하며 버스에 몸을 실었다.

대전에서 용무를 마치고 나니 벌써 마음은 선물 사는 데 들떠 있었다. 거리를 두리번거리다가 어느 보석상에 들어서게 되었다.

진열장에는 반짝이는 반지들이 즐비하고 황홀하게 눈길을 끌어서 어느 것을 사야 할지 전혀 감이 잡히지 않았다.

주인에게 사정 이야기를 하고 물건을 골라 달라 부탁하였다. 그는 잠시 궁리를 하다가 붉은색 보석에 흰 줄이 십자로 교차되는 반지를 골라 쥐고 어떠냐고 나의 눈치를 살핀다. 다른 것과 비교해 보니 색깔이 달라서 호기심이 갔고, 값이 호주머니사정과 맞아떨어져서 선뜻 두말 않고 그것을 샀다.

나는 그것이 얼마나 좋았던지 호주머니 깊이 간직하고, 돌아오는 길에도 몇 번이고 만져보며 그 존재를 확인하곤 하였다.

대문 앞에 다다라 누렁이를 부르는 휘파람을 신나게 불어댔다.

그 놈은 쏜살같이 발밑에 달려와서 껑충껑충 뛰어오르고, 아내는 마루 문을 열고 웃음으로 반긴다.

방에 들어서면서 한바탕 수선을 떨고 아내의 손바닥에 반지곽을 쥐어 줬다.

아내는 깜짝 놀라며 황급히 뚜껑을 열고 어느 새 그것을 손가락에 끼고, 요리조리 살피면서 기쁨에 넘친다. 상기된 얼굴에는 행복한 웃음을 머금고 있었다.

"어떻소 이 반지!"

"예 좋아요." 그러나 곧

"이거 얼마 줬어요?" 값을 물어 온다.

나는 서슴없이 어깨를 으쓱하며 얼마를 주었노라고 대답했다. 비싼 보석 반지를 사랑하는 아내에게 거리낌없이 선물하는 옛날의 기사騎士처럼 크게 돋보이는 것으로만 알고 의기양양하였다.

그러나 그것이 아니었다.

"아-이, 바가지 쓰셨어요. 반값이면 살 수 있었을 텐데……."

갑작스런 의외의 말에 나는 당황했다. 아내는 내 마음을 눈치챘던지

"반지 선물 정말 고마워요." 하고 고개를 꾸벅 애교 있게 숙이더니 한층 부드러운 목소리로

"이제부터 이런 선물을 하실 때는 저와 함께 사러 가세요 네-." 하고 다짐을 받는다.

아내는 이것이 무슨 보석이며, 값은 얼마나 하는지 짐작이 가는 모양이다.

"응…… ? ……."

맥없이 고개를 끄덕였으나 내 마음은 복잡하기만 했다.

그 때부터 나는 물건을 사는 취미를 잃었고, 특히 아내에게 주는 선물은 혼자서 사지 않기로 마음먹었다.

오랜 세월이 흘렀다. 우리가 결혼한 지도 삼십 년이 되었으니, 그간 모든 것에 많은 변화가 생겼다.

그러나 나의 물건 사는 실력은 예나 지금이나 별로 진전된 것이 없으며 이러한 사실을 확인이나 하듯이, 그 동안에도 심심치 않게 아내로부터 훈계와 면박을 받아왔다.

언젠가는 길가에서 한자사전漢字辭典 두툼한 것을 단돈 천오백 원 하길래 그 헐값에 이끌려서 서둘러 사왔다가 쓸모가 없어서, 싼것이 비지떡이라는 가르침을 받은 적도 있었다.

한 번은 버스 안에서 선전원이 입에 거품을 물고 달콤하게 유혹하는 값싼 물건에 현혹되어 엉겁결에 사왔다가 아내로부터 거듭 '황색 카드'의 경고를 받고 뉘우친 일도 있다. 또 어느 땐가는 백화점에서 수통을 샀는데 모서리에 작은 흠집이 있는 것을 모르고 집에 들고 들어왔다. 아내가 보더니 그곳에 녹이 슬 것이라 해서 나는 오기로 그렇지 않다고 우겼다. 그러나 얼마 안 가 녹은 틀림없이 슬기 시작했다.

나는 다시 한 번 아내의 물건 사는 식견에 감탄하게 되었다.

그러던 어느 날, 낚시하러 충남 광천廣川 지방에 갔다가 돌아오는 길에 그곳 공판장에 들러서 김(海苔)을 사왔다. 낚시 친구들이 사길래 나도 덩달아 샀다.

이 때는 아내가 무조건 반겼으며, 그 김은 두고두고 식탁에 올려져서 모든 식구들의 환영을 받았다.

"옳거니 이것이로구나."

나는 무엇을 사야 환영받는가를 이 때부터 어렴풋이 짐작하게 되었다.

삼 년 전 어느 늦가을에 강원도 임원臨元으로 방파제 낚시를 하러 갔었다. 돌아오는 길에 그곳 부두의 어시장에서 볼품 있는 커다란 대구 한 마리와 한치 두 두름을 만 원에 사서 '아이스 박스'를 채웠다.

아내는 탐스러운 선물에 눈이 번쩍 뜨여서, 값은 묻지도 않고 반가워했다. 나는 아내를 향해 큰 소리로

"이거 오천 원 줬어! 싸지!"

묻지도 않은 값을 반값으로 후려쳐서 강조했더니

"어머나! 그렇게 싸요? 여기서 사려면 이만 원은 넘게 주어야 사요. 다음에도 바다낚시 가면 꼭 사오세요. 이번엔 두어 마리……." 하며 무척이나 감격한다.

아내에게 물건 잘 사왔다고 극찬받기는 이 때가 처음이었던 걸로 안다.

그 때, 나는 내 거짓말에 곱게 속아넘어가는 아내의 착한 모습을 보고 마음속이 태평하지만은 않았다.

'글쎄, 이제 다시 바다낚시를 가서 그렇게 싼값으로 허벅지 같은 대구를 어떻게 사올 수 있단 말인가.'

앞으로도 이런 거짓말을 해서라도 나의 물건 사는 실력을 아내에게 꼭 인정받아야 할 것인가.

그러나 그 후에도 나는 때에 따라서 눈치봐가며 여전히 값

을 깎아 내려 아내에게 말하기도 한다.

아내는 여자라서 물건 사는 데 틀림이 없다. 그것은 알뜰함이고, 바람직한 여인상의 하나다.

그 마음을 아프게 건드리지 않으려는 남편으로서의 나의 '에누리 보고'는 별로 괴롭지가 않다.

이것이 언젠가는 들통이 나겠지. 아니, 이미 아내는 알고 있으면서도 모르는 척하는 것인지도 모르겠다.

나는 이 세상을 밖에서 속고 안에서 속이는 재미를 보며 살고 있는 것이다.

(1984)

망향곡望鄕曲

근래 아침 출근 때 현관을 나서기 전에 〈향수〉 한 곡을 듣는 기쁨을 맛보게 되었다. 전주곡이 시작되면서부터 마음속에 잔잔한 그리움의 파문을 일으키게 하는 이 곡은 그 속에 담겨있는 시가 좋고, 작곡이 멋지고, 노래 또한 잘 불렀다.

넓은 벌 동쪽 끝으로
옛이야기 지줄대는 실개천이 회돌아 나가고,
얼룩빼기 황소가
해설피 금빛 게으른 울음을 우는 곳

– 그곳이 차마 꿈엔들 잊힐 리야.

이렇게 시작되는 이 노래는 2절과 3절에서 듣는 사람의 마

음을 향수에 흠뻑 적셔 놓고는 끝절에 가서

하늘에는 성근 별
알 수도 없는 모래성으로 발을 옮기고,
서리 까마귀 우지짖고 지나가는 초라한 지붕,
흐릿한 불빛에 돌아앉아 도란도란거리는 곳

– 그곳이 차마 꿈엔들 잊힐 리야.

마음속으로 노래를 함께 부르는 여음이 가시지 않은 상태여서 환자 진료에 임하는 나의 하루는 그저 마음이 그리움으로 차분하기만 하다.

내가 고향 함흥을 등지고 월남한 지 어언 50년이 되어온다. 우리나라가 일본의 패망으로 광복되고 원한의 38선이 그어진 1945년 8월 15일을 18세에 맞고, 그로부터 2개월이 지난 10월에 희망과 환희 속에 가족들의 배웅을 받으며 학업을 위해서 서울에 왔다. 그 때에 홍안의 소년이 지금 허옇게 머리에 서리를 얹고 책상머리에 앉아 그리운 가족과의 이별의 아픔을 〈망향곡〉이란 제목으로 원고지에 옮기고 있다.

은근히 가슴속이 저려온다. 너무나 긴 세월을 그리움 속에 보냈고, 그러다 보니 이젠 유한의 생명도 저물어가는 길목에 접어들게 되었다. 나이를 더할수록 고향이 절실한 존재가 될 줄은 예전엔 미처 몰랐었다.

20대의 청춘 시절에는 활기찬 젊음에 가려 고향은 희미한 존재였으며, 30대와 40대에는 일하는 재미에 고향이 뒷전에 있었고, 50대에 들어서면서 고향이 나에게 슬며시 다가오기 시작하였다. 특히 추석이나 설날 같은 명절에는 북녘땅에 두고 온 가족과 고향산천이 눈에 선하여 마음을 편치 않게 한다.

수백만의 서울 사람들이 제각기 고향을 찾아 빠져나간 서울 거리에서 느끼는 허전한 나의 자화상은 어김없이 추수가 끝난 텅 빈 논 가운데 초라하게 홀로 서 있는 허수아비 바로 그것이다. 학생 시절 방학이 되어 고향으로 내려가는 친한 벗을 정거장에서 배웅하고 그 기차의 꼬리가 연기와 함께 사라진 후의 플랫폼에서 느낀 외로움이 가끔 때에 따라서 나를 슬프게 한다.

내가 가족들 생각에 잠길 때에 가장 먼저 그리고 애타게 보고 싶어하는 얼굴은 어머니의 얼굴이다. 어머니는 틀림없이 나의 마음의 고향이다. 그 어머님을 며칠 전 꿈에서 생시처럼 생생하게 상봉하였는데, 그날 밤 나는 꿈꾼 후에 어머니 생각으로 한잠도 못자고 밤을 지샜다. 좀처럼 한 번 잠들면 아침까지 깨지 않고 내처 자는 나의 잠 습관으로 볼 때 역력히 기억에 남는 사건으로, 바로 그날 밤에 고향에 계신 어머님의 신상에 어떤 불길한 변화가 없으셨는지 의심하고 있다. 심령학적인 생각에 잠길 만큼 강렬한 사건이었다.

세월이 흐르면서 세계사도 변해간다. 냉전의 시대도 사라지고, 우리들의 남북관계도 여러 가지 여건이 긍정적인 방향으로 호전될 수 있는 방향으로 무르익어 간다. 몇 년 전부터는 남북 이산가족의 재회 문제도 논의되고 그간 소수이지만 몇몇 사람들은 상봉의 기회도 가졌다. 이제 나의 생전에 북에 두고 온 가족과의 상봉도 가능하리라는 기대도 가질 수 있게 되었다. 그러한 기대감이 생기면서부터 나는 요즈음 맛있는 음식을 먹어도, 따뜻한 옷을 입어도 이북땅의 배고프고 헐벗은 가족들의 생각이 마음에 걸려서 편치 않을 때가 있다. 그러던 어느 날 생각 끝에 나는 가족들과의 상봉에 대비하여 옷을 챙기는 일을 작년부터 시작하였다. 나는 젊어서부터 비교적 옷을 잘 입는다는 말을 들어왔다. 춘하추동 계절에 따라 적절히 몸에 맞게 옷을 갖추어서 입어왔다. 그러나 작년부터 체중이 늘면서 마음에 맞는 옷들이 몸에 맞지 않게 되었다. 배가 나오면서 바지가 맞지 않고, 가슴에 전에 없던 젖이 생기면서 앞가슴이 벌어져서 윗도리는 못 입게 되었다. 이러한 옷들을 하나 둘 모아서 차곡차곡 옷장 서랍에 넣게 되었다. 이러한 작업에는 집사람의 정성이 스며 있다.

그 후부터 그 옷들이 눈에 뜨일 때마다 나는 혼자서 머릿속에 상상의 나래를 편다. 이북에 계신 부모와 형과 동생과 누이동생을 머릿속에 떠올리며

'이것은 어느 조카에게 잘 어울릴 거야.'

‘이것은 환갑이 넘었을 사랑스런 나의 동생에게 잘 맞을 거야.’

그러다가 문득

‘그 때가 되면 새 옷을 사 입혀야지. 내가 입던 헌옷이 웬 말인가.’

하고 나의 행동에 부정적인 생각이 들 때도 있지만, 나의 체온이 스며 있는 옷들이 새옷보다 훨씬 값진 정을 그들에게 전해 줄 것 같아 고이 간직하고 있다.

넓은 벌 동쪽 끝으로 옛이야기 지줄대는 실개천이 회돌아나가고, …… 서리 까마귀 우지짖고 지나가는 초라한 지붕, 흐릿한 불빛에 돌아앉아 도란도란거리는 곳
— 그 곳이 차마 꿈엔들 잊힐 리야.

그 어느 날에 내가 애창하는 망향곡처럼 소원이 이루어질지 그날이 기다려지기만 한다.

(1994)

여로旅路의 강남江南제비

집 떠난 지 스무닷새가 지난 11월 초 어느 날, 이번 여행의 종착지인 태국땅을 밟게 되었다.

해외여행의 가장 적합한 기간은 보름 전후라고 알려져 있다. 20일이 넘으면 지루한 마음이 앞서서 즐거움도 반감된다는 것이 해외여행을 자주 한 사람들의 공통된 의견이다.

이제 이틀 밤만 더 자면 집에 간다는 안도감에, 그간 누적된 피로를 잊고 약간의 생기도 되찾게 되었다.

누구나 해외여행의 계획을 세울 때에는, 여행 기간이 길어도 무방할 것 같고, 내친김에 지구상의 구석구석을 두루 구경하고 싶은 욕심이 앞선다. 그러나 막상 여행길에 오르고 이십일쯤 돌아다니다 보면, 언제 집으로 돌아가나 하고 조바심이 난다. 우선 음식이 마땅치 않고, 다음에 기후나 환경이 급변하는 데서 오는 달갑지 않은 영향을 받지 않을 수 없어서이다.

김치와 된장으로 꼭꼭 다져진 나의 식생활 리듬이 깨어져서 고통스럽고, 마땅치 않은 호텔이나 모텔에 투숙하면 집의 안방 생각이 나서 지루하고, 더운 나라를 여행할 때에는 잠을 설치고 땀을 많이 흘려 오히려 괴로울 수가 있다. 돌이켜보면 서울을 떠난 것이 시월 십일, 도중에 11개국을 기웃거리고 이곳에 도착한 것이다.

그간 거쳐 온 곳들을 대략 훑어보면 파리, 모로코의 카사블랑카, 스페인의 이곳저곳, 포르투갈의 리스본, 로마, 아테네, 터이키의 이스탄불, 이집트의 카이로와 알렉산드리아, 아프리카의 케냐, 인도양의 세이셸, 스리랑카의 콜롬보 등이다. 즉 서남 구라파와 아프리카 그리고 인도양 일대라 할 수 있는데 언제 다시 가 보랴 하는 욕심에서 무리한 계획을 짜고 단단히 마음을 다지고 떠났었다.

태국에 도착한 날 밤은 휴양지인 빠따야 해변에서 지냈다. 오랜 여로에서 쌓인 피로가 초저녁부터 잠을 재촉하였으나, 하나라도 더 보고 싶은 마음이 앞서서 밤늦게까지 여장남자女裝男子의 쇼를 구경하였다.

지난날, 샌프란시스코의 피노키오쇼에서 여장을 한 백인 남자들을 대단히 매력있고 아름답게 보았으나, 태국의 여장남자는 더 깜찍하고 귀여웠다. 초록은 동색이라 이질감이 없어서 더 친근한 감을 느꼈던 것 같다.

이튿날 늦잠에서 깨어나 다시 방콕으로 돌아오니 정오가 넘었다. 서둘러서 시내 관광길에 나섰다.

에메럴드궁전을 위시하여 명소라고 알려진 곳을 몇 군데 대강 살피고 우리들이 탄 버스는 석양이 지는 거리를 달리고 있었다. 그때 앞자리에 앉아있던 안내원이,

"저 제비 떼들을 보십시오."

하며 하늘을 가리켰다. 과연 장관이다. 하늘 높이 먼지처럼 작은 점들이 무수히 떠서 가물가물 움직이고 있었다.

안내원이 말을 계속했다.

"제가 한국을 떠나 이 나라에 온 지도 어언 10년이 됩니다. 매년 겨울철에 저 제비들을 대하면 공연히 고향생각에 잠길 때가 있습니다. 우리들은 저 제비들을 강남제비라고 부릅니다."

이 말이 끝나자 그의 얼굴에는 다시 고국과 고향에 대한 향수가 맴도는 것같이 보였다.

강남제비! 이 말을 듣는 순간, 오랜 여로에 찌들어서 무뎌졌던 나의 정감情感이 잠에서 깨어나듯 어디선가 되살아났다.

우리들은 어려서부터 이별과 재회, 슬픔과 기쁨의 의미를 강남제비를 통하여 많이 깨우쳐왔다. 춘삼월에 강남에서 돌아오는 제비라는 구절 속에는 그런 모든 느낌들이 스며있다. 강남제비는 우리들이 마음속에 그리는 그리움의 표적이 되었

고, 강남이 어디에 있으며 그곳에서 제비들이 어떻게 살고 있는가 하는 의문을 나 자신 오늘에 이르기까지 마음속에 품고 살아왔다.

그러나 이제 나는 그들을 눈앞에서 보게 된 것이다. 동화나 동요에서가 아니다.

강남이란 중국에서 양자강 이남의 지역을 말한다. 중국의 제비들이 양자강 이남으로 날아가서 월동하는지는 모르겠으나 우리나라에서 온 강남제비는 이곳 방콕 시내 번화가의 전깃줄에서 밤잠을 잔다는 사실을 알고 나는 무척 호기심이 갔다.

저녁식사를 마치고 호텔에 돌아왔으나 곧 택시를 타고 강남제비를 만나러 떠나지 않을 수 없었다. 차가 방콕의 중심가를 향하여 달렸다. 서울 거리로 말하면 종로나 을지로에 해당하는 거리에 다다랐는데 그곳이 바로 강남제비들이 잠자는 곳이다.

거리의 노폭路幅은 별로 넓지 않았고 차도나 인도는 대단히 혼잡하였다.

도로의 양편에는 전주가 서 있고, 굵고 가는 여러 갈래의 전선이 외줄로 또는 여러 줄이 뭉쳐서 복잡하게 걸려 있었다. 그 전선 위에는 낯익은 제비들이 빈틈없이 앉아 방콕의 밤거리를 감상이나 하듯이 고개를 갸웃거리며 내려다보고 있었다. 모든 전선은 제비똥에 의해서 흰색으로 염색되어 있었다. 엄청난 제비 떼였다. 약 10cm 간격으로 앉아 있는 제비들은 부부제비가 아니면 연인제비들이고, 단독으로 떨어져 외롭게 앉아있는 제비는 쓸쓸한 외톨이 제비라고 한다.

제비들이 한 번 바다를 건널 때마다 약 20%의 희생이 있다고 한다. 그런 모험을 무릅쓰고 해마다 바다를 두 번씩이나 건너야 하는 제비의 숙명이 딱하게만 느껴졌다.

방콕의 자동차들은 클랙슨 소리를 내지 않는다. 아무리 바빠도 서두르지 않는다. 만약에 클랙슨을 누르면 앞에 가는 차와 커다란 시비를 벌일 각오를 해야 한다고 한다. 그래서 밤이 깊어도 제비들이 잠자는 거리는 비교적 조용하다.

훗날, 방콕시에 도시계획이 활발하게 이루어지고, 시가지의 모든 전선이 지하에 파묻히게 된다면 이 제비들은 어디서 잠을 자게 될 것인가 하는 기우도 스쳐간다. 태국 내에 강남제비의 잠자리가 방콕 시내 중심가 전깃줄 말고 다른 곳에는 없다고 한다.

이곳에서 잠을 잔 제비들은 새벽에 하늘 높이 날아서 사방팔방으로 흩어져 먹이를 찾고 한 나절을 보내고는 저녁 석양과 함께 다시 방콕 시내로 모여든다는 것이다.

왜 시끄럽고 공기가 탁하고 복잡한 이 거리의 전선 위에서 밤을 보내는지 그 이유는 아무도 모른다.

아마도 옛날 방콕 시가지가 생기기 전 강남제비들의 조상들이 이곳에서 겨울을 보내던 그 습관이 지금의 후손 제비들에게도 본능적으로 작용하는 것으로 추측하는 사람도 있다.

태국이 아닌 동남아의 다른 나라에 겨울철 강남제비들이 모여드는 곳이 있는지는 이곳 태국 사람들도 모른다고 말했다.

이튿날, 나는 강남제비들이 떼를 지어 나래를 펴고 희망에 부풀어 날아올, 그 하늘길을 비행기로 날고 있었다. 이제 고달팠던 나그네길에 지친 몸을 이끌고 나는 고향땅을 찾아가고 있는 것이다.

그 동안 보고 듣고 느낀 여러 나라의 풍물들이 주마등처럼 머릿속을 스쳐가고 있었다. 또 한편으로는 한 달 가까운 짧은 기간 떨어졌어도 그렇게 그리워지는 나의 사랑스런 고국과, 고향과 집이 점점 가까워온다는 기쁨에 미소가 저절로 떠올랐다.

어느 봄날, 강남제비들이 그들의 고향인 우리나라를 찾아 이 바다를 힘차게 날아올 때, 그들도 물 맑고 기후 좋은 우리나라의 어느 시골 농가의 조용한 처마 밑에 아담한 보금자리를 차리는 꿈에 부풀어 나처럼 가슴 조일 것 같은 생각을 하면서, 이번 여행의 귀로인 창문 밖의 푸른 하늘을 다시 한 번 유심히 살펴보았다.

(1985)

춤바람

"잘 있거라 나는 간다~ 이별의 말도 없이……."

삐각 소리나는 목조 계단을 올라가는데 이층에서 귀에 익은 〈대전블루스〉가 들려온다.

방문을 열고 안으로 들어서니 제법 넓은 방안에 여남은 명의 남녀가 자세를 곧게 세우고 마룻바닥에 신발을 끌며 열심히 스텝을 밟고 있다.

나는 양수리兩水里 육군병원에서 근무하다가 제대除隊를 3개월 앞두고 원주原州에 위치한 1군사령부 본부사령실 의무과장으로 전직 명령을 받았다. 그 직책은 사령부의 군인과 가족 그리고 사령부에서 직영하던 군인 호텔과 댄스 홀 종업원까지 보건 문제를 돌보게 되어 있었다.

3개월이라는 짧은 원주 생활을 하기 위하여 그곳에 살림을 옮긴다는 것은 번거롭다. 제대하면 새로운 터전을 닦아야 할 서울 생활이 목전에 있었기에. 상의 끝에 아내는 미리 서울 처가에 가고 나는 하숙집에 홀아비 생활을 감내하기로 하였다. 결혼 생활 5년 만에 우리는 3개월이란 긴 시간을 떨어져 살게 되었다.

허전하였다. 총각 시절에는 몰랐으나 결혼하고 혼자 지낸다는 것은 생각보다 고통스러웠다. 퇴근하고 돌아와도 마음 붙일 곳이 없었다. 다방 순례도 하고 밤거리를 배회하기를 3일간 하였더니 그것도 역겨웠다. 그러나 나흘째 되던 날 우연히 어느 길목에서 댄스 교습소 간판을 발견했다. 눈이 번쩍 뜨였다.

"그렇지! 이거다."

나는 서슴없이 교습소의 문을 두드렸다. 가슴속엔 분홍빛의 꿈이 움트고, 드디어 배우고 싶었던 댄스를 배우게 된다는 생각에 얼굴이 상기되었다.

나의 교습소 스승은 중년의 매끄럽게 생긴 신사라는 첫인상을 받았다. 그러나 일단 춤을 추면 그는 나는 제비가 되어 교습생들의 선망의 대상이 되었다. 나는 타고난 신바람과 음악 감각과 운동신경의 덕을 보아서 남보다 빠른 템포로 모든 형의 댄스를 몸에 익히게 되었다.

댄스홀에 처음 나가던 날. 나는 백 명이 넘는 댄서 중에서 지배인이 천거한 100번 아가씨를 파트너로 정하고 첫날부터 홀의 분위기에 발맞춰 누비고 돌았다.

100번 아가씨는 중키에 날씬한 몸매를 자랑했다. 밉상이 아닌 얼굴에는 언제나 잔잔한 미소가 담겨 있었다. 말수는 적었으며, 묻는 말에는 간결한 대답이 메아리치듯 돌아왔다. 그녀는 서툰 나의 스텝을 잘 리드해 주었다. 나의 댄스 폼은 그녀로 인하여 처음부터 어색하지 않고 익숙해 보였다. 날이 갈수록 나의 댄스 실력은 무르익었고, 드디어 나는 걷잡을 수 없는 춤바람에 사로잡혀 매일 저녁이 황홀하기만 하였다.

3개월간의 원주 생활이 끝나고 나는 제대하였다. 그리고 서울로 돌아왔다. 곧 개인병원을 개설하고 모교 대학병원의 수련 과정도 밟고, 대학원에 적을 두고 1인 3역의 바쁜 일정에 쫓기게 되었다. 춤바람은 비몽사몽 희미하게 나의 뇌리 가장자리에 가까스로 흔적으로 남아 있었다.

고된 5년이란 세월이 흘렀다. 박사 학위도 마치고, 병원의 진료 업무도 궤도에 오른 어느 봄날, 나는 신문 광고에서 대연각大然閣 빌딩 1층에 있는 무학성舞鶴聲이라는 댄스홀이 개장되었다는 소식을 접했다. 당시 경음악계를 주름잡던 '김광수 밴드'가 그곳에서 연주하고 있다는 것이다. 일상 생활의 권태가 은근히 느껴지던 때라 마음이 설레였다.

자~ 이제부터 아내에게 춤바람을 불어넣어야 할 차례다. 나는 아내에게 댄스 예찬을 마음에 닿도록 늘어놓고, 신문에 실린 무학성 댄스홀의 기사를 읽어주었다. 귀가 솔깃한 눈치다. 이럴 때 감언이설도 필요하다.

처음 나의 익숙한 춤솜씨에 대해 아내는 무언가 개운치 않고 당황한 눈치였다. 그간 살아오면서 남편이 전혀 하지 않던 짓을, 그것도 댄스라는 껄렁껄렁한 몸동작을 익숙한 솜씨로 천연덕스럽게 해대니 도대체 이게 어찌된 영무인지 갈피를 잡지 못하는 표정이다. 드디어 의문을 풀기 위한 심문이 시작되었다.

"당신, 댄스를 언제 배웠수?"

"원주에서 홀아비 생활했을 때."

"누구에게 배웠수?"

말투에 날이 선다.

"댄스 교습소의 제비 스승과 댄스홀의 매끈한 100번 아가씨께서…. 허허허!"

나는 말해 놓고 웃었다. 아내도 덩달아 웃는다. 고백이 너무 솔직해서 좋다는 웃음으로 보였다.

"그 매끈한 아가씨와 별일 없었수?"

"아무 일 없었어. 암 없구 말구!"

"거짓말? 껴안고 몸을 비벼대고 춤추고 그래도 아무일 없을 수 있나요? 게다가 그땐 홀아비였겠다."

"그렇지, 그때가 바로 노마크 찬스였으니 이때다 싶어 놓칠세라 배웠소. 그러나 당신이 염려하는 다른 수작은 정말 없었소."

"믿어도 돼요?"

눈빛이 부드럽다.

"그으럼! 되고 말고!"

"알았어요. 그럼 믿겠어요."

"오케이!"

몸무게가 가볍지 않은 아내에게 며칠간 댄스를 가르쳐 주느라 밀고 당기고 돌며 땀을 뺐다.

아내의 댄스 실력도 제법 향상된 어느 봄날 저녁, 우리들은 무학성 댄스홀에 나가게 되었다. 감미로운 음악에 발맞추어 넓은 홀을 누비고 돌았다. 아내와 함께 추는 춤은 마음이 편하고 환희를 느끼게 하였다. 아름다운 음악에 발맞추어 돌며 스쳐가는 불빛에 쳐다보는 아내의 얼굴에서 기쁜 표정을 읽으며, 나는 댄스를 몸에 익힌 것을 다시 한 번 자랑스럽게 생각하게 되었다. 우리는 곧 무학성의 단골손님이 되었다. 그러나 얼마 안 가서 대연각은 큰 화재로 불타고 무학성도 자취를 감추었다.

세월이 흐르면서 지난날 나에게 화려한 춤바람의 시절이 있었다는 사실을 더욱 긍정적으로 생각하게 되었다. 해외여행에서도 몇 차례 분위기에 맞춰 탱고나 스케이팅 왈츠로 기분을 풀었으며, 요즈음은 어디에서나 기회가 주어지면 템포가 느린 블루스를 선호하고 즐긴다.

이 글을 쓰면서 나를 나비로 키워준 제비 스승과 이쁜이

100번 아가씨가 궁금해진다. 인생길에서 스쳐간 아름다운 작은 인연도 소중히 간직하고 싶어 회상할 때가 있다. 피치 못할 인정의 소산이 아니겠는가.

(2000)

눈깔사탕

대체적으로 우리나라 사람들은 마음이 급해 보인다. 마음이 급하다는 사실은 모든 일에 적극적이고 잰 행동으로 능률이 오르는 장점도 있으나 그것에 따르는 부작용이나 역작용도 야기시킬 수 있다는 단점도 있게 마련이다.

고속도로를 놓기 시작하더니 세계기록으로 단시일 내에 경부고속도로를 완성시켰다. 경이로웠다. 그러나 얼마 안 가서 하자가 생기게 되어 서둘러서 보수공사가 진행되었는데, 오랜 세월이 지난 오늘날에도 그 보수공사는 계속되고 있다. 빨리 망가진 고속도로라는 측면에서 보아도 세계 제일이 되고 말았다.

해외여행을 다녀보면 세계적으로 알려진 큰 도시마다 도로는 좁고 자동차는 많아서 교통혼잡을 이루기는 마찬가지다.

우리의 서울도 예외는 아니어서 교통이 혼잡한데, 하루가 다르게 교통침체 현상은 더 심해가고 있다. 그러나 그런 속에서도 우리 국민들의 마음이 조급한 데서 오는 두 가지 기록을 갖고 있으니 그 하나가 교통사고가 많이 발생한다는 사실이고, 또 하나는 경음기를 많이 눌러대서 소란스럽다는 것이다.

거리를 다니다 보면 공연히 쓸데없이 경음기를 눌러대는 얼간이 운전자가 서울거리에는 유난히 많다. 파리나 로마 또는 동경 뉴욕 기타 선진국 어느 도시에서도 경음기 소리는 거의 들을 수 없다. 또 우리보다 뒤진 나라들의 혼잡한 도심에서도 그 소리는 들은 기억이 없다. 예를 들어 태국의 수도 방콕 거리의 교통혼잡은 서울보다도 더욱 심한데 그곳에서 경음기 소리를 들은 사람이 없다.

조급한 마음으로 경음기를 눌러대는 만큼 교통사고도 많다고 나는 진단을 내리고 있다. 하기야 5년 전의 서울거리에 비하면 그 소리도 많이 줄기는 줄었다.

나는 식생활에서도 우리나라 사람들의 급한 마음을 엿보곤 혼자서 웃어볼 때도 있다.

눈깔사탕, 입에 넣고 굴리며 침으로 녹여 천천히 빨아먹게 되어 있는 눈깔사탕. 그것에는 빠는 재미, 입 속에서 굴리는 재미, 그리고 단물을 빨아 목구멍에 넘기는 맛 등 다양한 기쁨이 있다. 그러나 대부분의 우리나라 사람들은 입 속에 넣고 몇 번 굴리다간 곧 심이 풀리지 않아 어금니로 그 딱딱한 눈깔사탕을 깨물어서 부셔버린다. 그리고 나서 오두둑! 오두둑! 깨물어서 밥 먹듯이 삼켜버리곤 순식간에 입맛을 다신다. 과연 급하다. 마치 눈깔사탕과 원수진 사람 같다.

식사하는 시간도 대단히 짧다. 외국 사람들은 점심이나 저녁시간에 한 시간 또는 두 시간 정도를 소요하며, 그 시간을 즐기는데 우리들은 보통 십 분이나 이십 분이면 족하다. 국물에 말아서 후다닥 먹어치우거나 이것 저것 비벼서 꿀꺽 먹으면 시간이 걸리지 않는다. 옛날부터 인절미나 꿀떡을 별로 씹지 않고 삼키며 목구멍에 넘어갈 때 뿌듯하고 시원한 맛을 즐기던 식생활의 습관과도 관계가 있을 법하고, 질긴 냉면을 한 젓가락에 말아 입에 넣고 꿀꺽꿀꺽 삼키던 습관이 마음 급한 우리들의 식생활의 생리에 부합되어서 모든 식사 시간이 단축되었는지도 모르겠다.

우리나라 사람들의 식사 시간이 얼마나 빨랐으면 해외여행 때 일행과 함께 현지 안내원이 식당에 들러 소변보고 손 씻고 간단한 연락전화 한 통화를 본사에 하고 식탁에 앉으니 손님인 우리 일행은 벌써 식사를 끝내고 입을 닦고 이를 쑤시고 있어서 그는 깜짝 놀라 변변히 식사를 하지 못하고 자리를 뜨는 광경을 본 일이 있다. 우리들은 서로 마주보며 크게 웃었으나 그 안내원의 웃음은 씁쓸해 보였다.

이제 우리도 느긋할 때에는 느긋하게, 그리고 참고 기다릴 때는 줄 서서 차례를 기다리고, 공연히 조급해서 일을 그르치지 않도록 수양을 쌓을 때도 된 것 같다. 눈앞에 '88서울 올림픽'이라는 명예로운 지구촌의 축제가 이 땅에서 있지 않는가! 선진국이 되는 것이다.

눈깔사탕도 입 속에서 때굴때굴 굴리며 단물을 꼴깍 삼켜보는 차분함을 간직하는 지혜가 우리네 생활에 요구되는 때가 되었다고 나는 독백해 본다.

(1988)

일요과부日曜寡婦

여인에게 과부라는 말만큼 서글픈 말도 없을 것이다. 과부란 말은 여인에게는 쓸쓸하고 외롭고 허전하고 또 일면 생각하면 욕되고 고달프고 어느 의미에서 보아도 좋은 점이란 하나도 없다.

짝을 잃은 기러기 신세라고 표현해도 모자라고 천애의 고아라면 차라리 어디에 양자로 잘 들면 행복하련만 과거에 주인이 있었다는 점과 게다가 자식이라도 매어달리면 이것은 오도 가도 못하는 딱한 신세가 되는 것이다.

그래도 먹고 살 재산이라도 있거나 자식들이 성장하여 착하게 커서 모두 제구실을 하고 과부 어머니의 외로움을 달래주고 남편 대신 의지할 수가 있으면 다행인데 그렇지도 못하는 날에는 그야말로 야단이다.

도대체 다른 취미생활이나 오락에 빠져 있는 사람들에게는 일요과부日曜寡婦라는 말을 사용치 않고 유독 낚시인의 마누라에게는 일요과부가 된다는 가장 비통한 표현을 쓰는 것을 보았는데, 예를 들어서 마작으로 인한 일요과부나 등산하는 사람의 마누라에 일요과부라고 칭하는 것은 별로 들은 것이 없다.

이것은 내가 낚시를 좋아하다 보니 괜히 피해 망상적으로 되어서 지나친 오버센스로 그런지는 몰라도 특별히 낚시인의 아내들에게 일요과부란 불명예스러운 감투를 잘 씌운다는 것은 사실임에 틀림이 없다.

하기야 누가 악의惡意에서 만들어낸 말은 아니겠고 일요일을 혼자서 외롭게 집을 지키는 갸륵한 여인이라고 동정해서 지어낸 낱말로도 해석되고, 또 혼자서 집을 지키고 있노라니 짜증도 나고 신세한탄도 섞여서 낚시인 남편에 대한 응석어린 호소로 받아들여지기도 한다.

일요과부라는 말을 놓고 나 자신의 경우를 돌이켜본다.

나는 누구 못지않게 낚시를 좋아하고 그러다 보니 나의 마누라를 소위 말하는 일요과부 신세로 만들고 말았다.

결혼 초기에는 내가 낚시를 떠난다면 마누라도 젊은 기분에 덩달아서 흥분하고 여인의 본능으로 예쁜 차양이 긴 해가림의 모자도 사고, 경쾌한 옷차림으로 바꾸어 입고 곧잘 나의 뒤를 따라 다녀서 그때에 익힌 낚시 솜씨가 지금도 녹슬지 않아서 제법 떡밥 낚시꾼이 되어 있다.

그 때에는 한 번도 나의 낚시 행각에 찌푸리는 얼굴을 한 적이 없었는데 그 후 세월이 가면서 어린 아이도 생기고 집안 살림도 하는, 일 없이 바빠지고, 또 그것에 곁들여서 마누라 자신이 자기의 용모에 관심이 커지면서는 햇빛에 얼굴이 타고 따라서 기미가 무서워서 낚시에 따라 다니기가 싫어지면서부터 은근히 나의 낚시 떠나는 것에 좋지 않은 반응을 보이기 시작하였다.

그렇다고 맞대놓고 반대하진 않지만 나 자신이 곁눈질로 슬그머니 살펴본 결과 직감적으로 느낄 수 있는 반응이 있는데 사실에 있어서 이 무렵의 나의 낚시는 너무나도 광적狂的이었다고 미안한 생각도 든다.

그 시절의 마누라의 심리상태를 분석해 본다면 아마도 대단히 복잡했으리라 짐작이 가는데.

남편은 낚시 떠나고 따라나서자니 중년여성으로서는 생명과도 같은 얼굴이 새까매지고 기미는 생기고 한 번 낚시 갔다가 타서 돌아오면 원상복구할 때까지는 오랜 시일이 걸리고, 또 젊어서는 낚시 자체보다도 호기심과 아울러 새파랗게 젊고 한없이 멋이 있어 보이는(제 눈에 안경이라고?) 신랑을 따라서 데이트 하는 기분으로 신이 났었는데 중년이 되고부터는 주름이 지고 새까맣게 타서 '꾹 짜 놓은 우거지상'이 된 남편을 따라나서는 데는 아무런 호기심이나 미련이 없고 자랑도 되지 않으니 재미가 없다.

거기다가 집안에 할 일도 많고, 어린 자식도 있으니 도저히 낚시 떠난다는 것은 불가능에 가까운 일인 것이다.

과연 그러다 보면 짜증도 나고 낚시 떠나는 남편이 원망스럽고 질투도 나고 꼴 보기 싫어질 만도 하겠다.

이 시절에는 일요일에 일기가 나쁘고 아침부터 소나기라도 퍼부으면 장난기 섞인 말로 "비야 비야 더 오나!" 하고는 나의 우울한 얼굴을 쳐다보며, "약 오르지요?"…

나는 '?!'

이 때부터 나에게는 마누라에 대한 얼레발(암살?)이 시작되었다.

주말의 낚시를 위하여 주중에 마누라에 대한 봉사활동을 하는 것이었다.

마누라가 좋아하는 일이란 내가 할 수 있는 일이면 서슴치 않고 멸사봉공滅私奉公한다. 그 때까지는 마누라만 나의 어깨를 두드려 주었는데 그 후로는 원치도 않는 마누라의 어깨를 자진해서 강제로 주무르고 두드려 주는 일이 가끔 생겨났다.

아마도 세상에서 말하는 일요과부론은 중년 부인에게 해당되는 것으로 나는 믿고 있다.

이러한 시기가 지나가면서 마누라는 나의 낚시에 대해서 진정으로 이해한 모양이었다. 또 여성과 남성의 근본적인 차이에 대해서 다시 말해서 남편과 아내의 뚜렷한 차이점과 상관관계에 대해서 완전히 이해가 간 듯 했다.

아내로서는 낚시에 자주 따라다닐 수가 없다는 것, 그리고 낚시인인 남편은 술 많이 먹는 남편이나 도박 좋아하는 남편 그리고 집에 들어앉아 잔소리가 많은 꽁생원 남편보다는 훨씬 낫다는 결론을 얻었고 또 낚시 다니면서 모든 면에 스태미너가 넘치고 아프다는 말 한 마디 없이 건강하고 명랑하고 희망(낚시)에 차서 얼레발 잘 치는 순진한 남편을 다시 새롭게 발견한 것이다.

지금에 와서는 낚시 도시락 걱정을 해 주고 음료수나 낚시터에서의 잠자리 걱정은 물론 비상약이나 버스의 좌석까지도 염려해 주며 행선지 조황에 관심을 가짐은 물론 심지어 자기 비방秘方의 떡밥까지도 한 덩어리 만들어서 나의 낚시 주머니에 넣어 줄 정도가 되었다.

과연 부창부수라 낚시도 이만해야 해먹지-.

아마도 세상의 낚시인들은 모두 나와 같은 '아내와 나의 낚시'와의 경로를 겪었으리라 믿는다.

처음에는 멋모르고 남편의 낚시를 찬성하다가 중년에 들어서서 하도 낚시에 빠져버린 남편이 꼴불견이라 일단은 저항을 하고 다시 그 시기가 지나가면 체념과 이해로 남편의 낚시를 보살펴 주는 것이 일반적인 낚시인의 아내가 밟는 경로가 아닌가 생각해 본다.

사실 우리가 세상을 살아나가는 데 하나의 가정을 영위하는 남편과 아내로서 그 누가 검은 머리가 파뿌리 되도록 서로 오래 오래 살기를 원치 않는 사람이 있겠는가.

그 어느 아내가 자기의 남편이 그토록 좋아하고 또 그렇다고 가정에 커다란 피해를 주지 않는 건전한 오락인 낚시를 굳이 끝까지 말리는 사람이 있겠는가.

하물며, 남편이 그 낚시가 남편의 건강과 관계가 있고 장수長壽의 근원이 될 수가 있다면 일 주일에 하루인 일요과부살이를 어찌 마다하고 서러워 하리오.

일요일에 아내가 집에서 할 일도 여러 가지가 있고 또 스트레스를 푸는 방법도 생각하면 여러 가지가 있을 것도 같은데.

아니! 일요과부가 됨으로써 진짜 과부가 되지 않는다는 사실도 벌써 알았어야지!

(1973)

노르웨이의 피오르드와 트롤

나는 미지의 세계에 가슴 졸이며 발을 내딛는 여로에서 흐뭇한 회상과 아름다운 추억을 얻는다.

북구의 겨울은 길다. 그곳에는 5월에 겨우 봄이 찾아오고, 여름은 6월에 시작하고, 7월과 8월이 지나면서 여름과 가을이 지나가 버린다. 따라서 북구 관광은 6월 중순경에 다녀오는 것이 이상적이라고 알려져 있다.

1987년 6월 15일에 노르웨이의 오슬로에 여장을 풀게 되었다.

노르웨이는 그 넓은 땅에 인구 약 400만이 살고 있어서 구라파에서 가장 인구밀도가 적은 나라다. 그곳에는 피오르드[峽灣]가 있어서 전세계 사람들이 이곳을 찾는다. 그곳에는 사람들이 살아가는 문화나 역사보다 우주의 신비나 지구의 기원 따위를 생각게 하는 위대한 대자연이 있어서 나그네의 발길을 재촉한다.

오슬로에서 50여 분간 비행하니 대서양 연안에 위치하는 노르웨이 제2의 항구도시 베르겐에 착륙하였다. 우리들은 이 곳에서부터 내륙 산간지방을 자동차로 횡단하여 오슬로까지 관광을 할 예정이다.

연중 비가 많이 내려 좀처럼 햇빛보기 힘들다는 베르겐의 일기가 운수좋게 활짝 개어서 저녁 햇빛에 눈부시게 아름다운 삼림들을 감상하며 차게 올랐다.

버스는 산허리를 돌 때마다 새로운 대자연을 눈앞에 펼쳐주고, 나는 낯설고 신비스런 경관에 압도되어 말문을 잃고 신음에 가까운 감탄을 터뜨렸다. 나에게는 현실이 아니고 꿈의 세계로만 여겨졌다.

높이가 300미터부터 500미터 정도로 보이는 바위산과 절벽들이 얼음과 눈을 하얗게 얹고 있었다. 그 눈과 얼음이 녹아내리면서 생겨난 크고 작은 헤아릴 수 없이 많은 폭포들이 절벽을 타고 흰 줄을 긋고 있다. 바위틈이나 산중턱에는 커다란 나무들이 우거져서 싱싱한 초록색을 뽐내고 있으니, 눈에 보이는 색조의 조화와 사물들이 연출하는 신비로운 광경은 조물주의 으뜸가는 작품이었다. 도중에 '울빅'이라는 피오르드의 절경을 완벽하게 간직하는 마을에서 하룻밤을 머물었다. 새벽에 감상한 그곳의 경치에 마음에 끌려, 카메라의 셔터만 수십 번 눌러댔다. 지금도 그곳의 사진을 방에 걸어놓고 회상에 잠길 때가 있다.

지금으로부터 약 15억 년 전에 우주에는 커다란 하나의 불덩이가 있었고, 이것이 대폭발을 일으키며 그 불똥들이 별들이 되었다. 그 후 몇 차례의 대변혁을 거듭하는 사이에 은하계가 형성되면서 지구도 생겨났다고 알려져 있다. 지구상의 빙하기는 지금으로부터 약 100만 년 전에 시작되었다고 한다. 지금까지의 네 차례 빙하기를 겪으면서 각 빙하기 사이에는 간빙기間氷期가 있었다. 우리들이 살고 있는 현시대는 마지막 간빙기에 해당한다. 지구는 빙하기에 얼음으로 뒤덮이고, 간빙기에는 얼음이 녹아내리면서 지구 표면에 피오르드가 형성되었다. 즉 빙하가 이동할 때엔 빙식氷蝕으로 산의 측벽側壁이나 기저면基底面을 강하게 연마하고 침식하는데, 이때 빙하 속으로 박힌 암석의 파편도 함께 연마를 도와서 빙하의 흐름을 따라 U자형의 피오르드가 형성된다. 실제로 피오르드를 대하고 빙하의 흐름이 깎은 절벽의 날카로운 손톱자국 같은 연마 흔적을 보았을 때, 다시 한 번 대자연의 위대함에 감탄을 금할 수 없었다.

노르웨이의 해안은 거의 피오르드로 되어 있다. 따라서 지도상에 나타난 지형을 보면 톱날처럼 들쑥날쑥인데, 해안선의 총 길이는 지구의 반 바퀴 도는 길이와 맞먹는다.

세계에서 가장 긴 피오르드는 노르웨이에 있는 송네피오르드다. 이것은 바다로부터 내륙으로 183킬로나 깊숙이 파고들고, 너비는 수백 미터, 수심은 평균 1,000미터의 협곡을 이룬다. 바다 물빛은 푸르다 못해 검은색마저 감돈다. 그곳에서 유람선을 타니, 양측 벼랑에서 쏟아져내리는 많은 폭포들이 장관이고 갈매기 떼가 다정하게 배를 따라오며 재롱을 부렸다. 우리들은 빵조각을 손에 들고 그들을 가까이하고 즐겁게 한때를 보냈다. 이 때 안내원이 웃으면서 한 마디 던졌다.

"피오르드에는 연어나 송어 기타 물고기가 하도 많아서 돌멩이를 던지면 고기 대가리에 맞으니, 돌 던지는 일은 일체 금지되어 있습니다." 모두가 유쾌하게 한바탕 웃었다.

노르웨이에는 그 나라에 잘 어울리는 트롤(TROLL)이라는 가상假想의 산山사람이 있다.

트롤은 낮에 바위가 되어 어느 산 속이나 개울가 또는 피오르드에 잠자고, 저녁이 되어 어두워지면 사람으로 변하여 활동한다. 밤의 연속이라 할 수 있는 기나긴 겨울에는 자지도 않고 빙판과 설원으로 덮인 노르웨이 산 속이나 들판을 누비는 주인공이 된다. 맹수도 없는 그곳에서 도나까이(사슴의 일종)나 토끼 등 산짐승과 뛰놀고 목장 어귀에서는 양들의 놀림을 받으며 희희낙락 살아간다. 그는 사람을 만나면 놀라게 하고 좋아한다.

옷은 멜빵 달린 허름한 반바지에 헝클어진 갈색머리 커다란 갈색눈을 하고, 코는 피노키오같이 길고 헤벌어진 입에 이빨이 듬성듬성 나 있다. 귀는 짚신만큼이나 커서 귀방울이 어깨에 닿을 지경이다. 작달막한 키에 배는 복고기를 닮았고 엉덩이는 퍼져서 큼직하다. 한눈에 보아서는 괴물 같고 무섭게 느껴지나 자세히 뜯어보면 장난기어린 못난이고, 선량하고 어수룩하기 그지 없는 어진 인간이다. 노르웨이 사람들은 트롤을 사랑한다. 그들은 어려서부터 트롤 이야기와 함께 자란다. 그래서 그들은 트롤처럼 선하고 소박한 사람들로만 보여진다.

우리집 인형장에는 그곳에서 사온 트롤인형 한 쌍이 세계 각국의 300개가 넘는 인형들 틈에 끼어 멋쩍게 웃고 있다. 아마도 고요한 밤이 되면 다른 인형들에게 놀림을 받으면서 인형장 분위기를 제법 흥겹게 잡아줄 것으로 생각한다.

노르웨이의 백야와 오로라와 피오르드 등 대자연의 경이가 트롤인형을 볼 때마다 떠오르고 나의 여정旅情은 자꾸만 이어져 간다.

(1988)

중매

지금까지 나는 세 번의 중매를 들어본 경험이 있다. 그러나 공교롭게도 두 번은 완전히 실패하고 현재 진행 중의 중매 역할에도 무던히 진땀을 빼고 있다.

내 직업이 의사인데다 개인병원을 갖고 있어서 평소에 많은 사람들을 대하고 또 대학에서는 외래교수라서 학생이나 후배들과도 접촉이 많다 보니 내 딴에는 좋은 일을 한답시고 눈여겨보아 두었던 후배나 제자 중에서 그럴싸한 총각의사를 중매해 본 것이다.

첫 번째의 신랑감은 본인이 간청을 하지도 않는데 좋은 신부감이 눈에 뜨이길래 장광설을 늘어놓으며 은근히 신부감을 자랑하고 슬쩍 말로 소개를 했다.

신랑감은 상당히 흥미를 느끼고 관심이 있는 듯이 보였다.

그러나 그 후 몇 번 말을 비쳐 보아도 언제나 관심은 있으면서도 우물쭈물 소극적이다.

하루는 답답하여,

"여보게 닥터-리! 현재 좋은 사람이 있는가?" 다그쳤더니,

"요즈음은 바쁘니 시간을 보아서 만나 보겠습니다."

이런 식으로 미루면서도 은근히 관심은 표시하여, 학교는 어디고, 나이는 몇 살이고, 집안은 어떠냐, 하고 알고 싶은 것은 빠뜨리지 않고 모조리 물어 오면서도 중매장이 애간장만 태우면서 세월은 흘러갔다.

그러던 어느 날,

"선생님, 일이 이상하게 됐습니다." 멋쩍은 표정을 짓더니,

"며칠 후에 약혼하게 됐습니다. 선생님도 꼭 참석해 주십시오."

자초지종을 설명하는데 알고 보니 그 옛날 학생 시절에 교제하던 아가씨와 도중에 시들했다가 얼마 전에 다시 만나서 불이 붙고 일이 급진전되었다는 것이다.

나는 이런 사람들 사이에 중매를 한답시고 끼어들어서 이 사람들의 벌어진 사이를 재결합하도록 촉진제 역할을 담당한 꼴이 되고 말았다.

아마도 '한 아무개라는 선배가 근사한 아가씨를 중매해서 나는 곧 결혼하게 될 것 같다.'고 으름장을 놓아서 기겁을 한 처녀가 쉽게 함락당한 것으로 추측해 본다.

두 번째의 중매에서는 신중을 기하느라 꽤 노력을 했다.

우선 색시측을 똑똑히 파악하고, 신랑측의 현재가 완전한 독신(마음먹은 여자도 없는)임을 확인한 연후에 두 사람을 다방에서 소개하였다.

서로가 첫인상에 합격한 것까지 확인한 연후에 나는 자리를 뜨고 흐뭇한 마음으로 중매 역할을 무사히 끝냈다.

그 후 이 두 사람은 시간이 갈수록 뜨거워졌고, 이제는 약혼이 성립되는 것으로 알고 있었는데 마지막 단계에서 갑자기 공든 탑은 무너지고 드디어 소용돌이치더니 폭풍 후의 고요가 오고 말았다.

알고 보니 부모들의 쓸데없는 간섭이 개입되어 문제가 생기고 이상하게 감정이 오가고 묘하게 일이 얽혀서 끝장이 난 것이다. 그러나 그 후 두 사람은 서로를 잊지 못하고, 두고두고 가슴 아파하던 것을 나는 알고 있다.

공연히 중매를 선다고 나서서 두 젊은이의 가슴에 못을 박은 것 같은 죄책감에 사로잡혀서 이제 다시는 중매쟁이가 되지 않겠다고 맹세를 한 것이다.

그러나 세상에는 자의自意와 타의他意가 있음을 어이하랴.

이번에는 다름 아닌 친척 집안 처녀의 혼사문제여서 나 자신이 팔짱을 끼고 앉아만 있을 수는 없었던 것이다.

목표는 역시 의사신랑감.

현재 우리나라 전체 의사 숫자가 불과 수천 명인데, 그 속에서 기혼의사를 빼고 미혼의 멀끔한 총각의사를 상대하려니까 그야말로 '가뭄에 콩'이다.

막상 의사 세계를 유심히 들여다보니 의과대학을 졸업한 햇병아리 의사라도 벌써 80%는 상대자가 있는 반미혼半未婚 상태였다.

대학의 수련부장(인턴이나 레지던트의 직속상관에 해당)이 나의 동기동창이라 찾아간 나를 반기며 허물없이 타이르는 것이었다.

"이 사람아 딱하기도 하이. 대학 졸업식이 언제인데 이제 나타나서 신랑감을 찾고 있나!"

의사신랑감을 구하려면 벌써부터, 즉 졸업식 때부터 서둘렀어야 한다는 것이다. 도대체 나처럼 어설픈 중매쟁이로서는 어림도 없겠다고 느껴졌다.

내가 제1, 제2의 중매에 나섰던 시절은 벌써 호랑이 담배 먹던 때로 보아야 하며, 총각의사란 별로 존재치 않는 시대가 된 것을 나는 모르고 있었다.

이 때부터 상대를 의사에게만 국한시키지 않기로 하고, 직업 중매꾼의 수첩에 나열된 신랑감도 보고 또 친지의 소개도 받아서 선을 보이는데,

"키가 작아서……?"

"꽁생원이라서…… 삐죽!"

"얼굴이 미숙아 같아서……."

"젊은 사람이 이마가 까져서……."
"어깨가 올라가서……."
"목소리가 이상해서……."
심지어는
"눈이 작아 와이셔츠 단추구멍 같아서……."
등등 신부감의 눈에 들지 않는 조건도 많다.

개중에는 그런 대로 마음에 들어서 좋아하는 상대도 있었는데, 이번에는 신랑측에서 감감 무소식이다. 아마도 그쪽에서도 모르기는 하되,

"신부감이 몸이 약해서……."
"미인이 아니라서……."
"눈이 커서 오버 단추구멍 같아서……."
하는 식으로 따지고 넘어갔는지도 모를 일이다.

여하튼 중매를 선다는 것처럼 힘든 일도 별로 없는 것으로 안다.

본인들도 까다로운데 설상가상으로 양쪽의 부모까지 끼어드는 날에는 거의 불가능한 일로만 여겨진다.

아직까지 내가 쉽게 단 한 번의 중매로 결혼했듯이 다른 사람도 그렇게 성립이 되는 것으로만 오인하고 있었다.

얼마 전 일간지에서 미국의 교육받은 여성들의 상당수가 독신을 택한다는 기사를 읽은 일이 있다. 성문제가 신비의 베일을 벗은 미국사회에서 있을 수도 있는 일이라고 느꼈었다.

그러나 현실적으로 우리나라에도 그와 같은 시대가 온 것이 아닌가 생각되는 것이 지금의 나의 심정이다.

우리나라의 젊은이들도 벌써 이성의 구석구석을 너무 잘 아는 도사가 된 것 같다. 도대체 이성을 대하는 데에 어수룩한 면이 전혀 없어 보이니 말이다.

그러기에 혼인이 성립되려면 자신이 연애를 해서 맹목적이 되어야 하겠다고 느껴진다.

모름지기 인생의 일생은 길다면 긴 세월이다.

일생을 행복하게 살려면 배우자의 선택에서 외부에 나타나는 얄팍한 미모보다는 내부에서 풍기는 마음의 아름다움을 선택하는 것이 현명할 것 같다.

아름다운 얼굴, 멋이 있는 몸매 등은 결혼하여 3년만 지나면 벌써 그것은 자랑거리가 되지 않는다.

아름다운 마음씨 그리고 무게있는 인품은 영영 이 세상을 하직할 때까지 그 사람의 몸에서 향기롭게 빛을 발하여 이것이 멋이 될 수도 있고, 자랑이 될 수도 있는 것이다.

이 같은 이야기는 요즈음 시대의 젊은이들에게 먹혀들어가지 않는 것 같다. 생각하면 안타깝기만 하다.

(1978)

4부

스트레스와 건강健康

사람들은 누구나 행복하게 살기를 원한다. “그렇다면 어떻게 살면 행복한가?” 하고 행복의 조건을 놓고 생각해볼 때 그것에는 여러 가지가 있겠으나 첫째 조건으로 우선 건강을 손꼽지 않을 수 없다. 아무리 돈이 많고, 명예를 얻고, 여러 가지 좋은 조건을 구비한 사람도 건강치 못하면 행복한 사람으로 볼 수가 없다.

건강에는 몸의 건강과 마음의 건강이 있다. 이것이 양립되어 있어야 하며, 어느 한 편만 건강하여도 진정한 의미의 건강한 사람이 될 수가 없다. 일반적으로 몸의 건강에 대해서는 적절한 식생활을 하고, 적당한 운동을 곁들이고, 충분한 휴식을 취하면 된다는 등 구체적인 양식에 익숙해 있다. 그러나 마음의 건강에 대해서는 대체적으로 소홀한 느낌을 받는다.

현재 시중에서 병원을 찾는 환자 중 80~90%는 스트레스로 인한 마음의 병이 원인이 되어 발생한 병으로 고통받는 환자라는 것이 의사들의 중론이다. 소화불량이나 위장병은 95% 이상이 스트레스로 인한 소위 신경성 위장병에 속한다고 보여지니 마음의 병 즉, 항간에서 오가는 말로 화병, 놀란병으로 발생하는 위장병이 얼마나 많은 비중을 차지하는가를 알 만도 하다.

"위장은 마음의 거울이다."라는 말도 있다. 마음이 불안하면 위장도 불안하고, 마음이 슬프면 위장도 슬프다. 따라서 마음의 동요에 따라 우리들은 가슴앓이도 앓고, 변비나 설사도 일으키고, 식욕부진 복부팽만감도 생긴다. 사촌이 논밭 사면 배가 아플 수도 있다.

그 외에도 우리들이 스트레스를 받고 신경을 쓰면 마음이 약해지고, 약해진 마음은 몸의 면역기능이나 저항성을 약하게 하여 감기에도 자주 걸릴 수 있고, 입병도 생기고, 가슴이 뛰면서 심장병도 올 수 있으며, 해소병이나 위궤양도 오며 심지어는 무서운 암병도 올 수 있다는 사실이 근래에 의학계에 알려진 사실이다.

이와 같은 사실을 생각할 때 우리들은 스트레스에 대하여 어떻게 대처할 것인가를 곰곰이 생각하지 않을 수 없게 된다.

우리들의 생활은 누구나 희로애락喜怒哀樂으로 점철되기 마련이다. 따라서 좋건 싫건, 크고 작은 스트레스를 끊임없이 받으면서 살아야 한다. 그러나 이와 같은 스트레스로 병에 걸리지 않게, 그 강도를 약하게 희석해서 받는 방법이 있으니 그것은 각자가 지혜롭게 사는 방법을 강구하는 일이라 하겠다. 즉 생활태도를 즐겁게, 사이좋게, 정직하게 살아가도록 노력하여야 되겠다. 건전한 취미생활로 즐거움을 찾고, 사이좋게 살면 대인 관계에서 마찰이 없고, 정직하게 살면 마음에 평온이 오고 부담이 없다. 또 여기에 더 대국적인 견지에서 인생을 살펴보고 건강하고 행복하게 살 수 있는 방법을 한마디로 요약해서 말한다면 "나를 위해 살지 말고, 남을 위해 살아라."라는 동서고금의 진리가 해당되리라 본다.

그렇게 살면 틀림없이 스트레스를 적게 받고, 마음은 풍요로워지고, 결국 인생을 건강하게 행복하게 사는 데 크게 도움이 되리라 믿는다.

보금자리 찾은 붕어

감나무와 연못이 있던 신설동의 단독주택에서 옥수동의 아파트로 이사한 지도 어언 14년이 되었다. 복잡한 도시의 한복판을 벗어나 한강이 시원스레 내려다보이는 언덕 위에 오면서 10여 년간 정들었던 신설동집 정원과의 헤어짐이 마음에 걸려 한동안 서운했던 기억을 지울 수 없다.

그 시절 가을이 되면 감나무에 많은 감이 열려 행길을 지나가던 사람들의 발길을 멈추게 하였으며, 가을이 깊어가면서 어디선가 까치가 날아와 연시가 된 감을 꼬리치며 쪼아먹던 일들이 새삼 눈에 선하다.

마당의 연못에는 청주淸州땅에 위치하는 초평저수지에서 낚아온 10여 마리의 준척 붕어들이 사람에 길들여져 있었다. 그들은 연못에 담근 나의 손가락을 겁 없이 쿡쿡 주둥이로 건드리기도 하고, 나의 그림자가 얼씬거리면 따라다니며 먹이를 조르기도 하였다. 나와 연못 속의 붕어들과는 날이 갈수록 정이 깊어만 갔었다. 그러나 연못에 붕어를 기르는 일에는 여러 가지 고초가 따른다. 특히 한겨울 결빙기에 연못이 얼어붙으면 지레 식사가 염려되어 얼음을 깨고 새 물을 넣어주는 작업을 하여야 하니 대단히 번거롭다. 수 년간 이런 일들을 되풀이하면서 이들을 자연의 호수나 한강에 방생할 생각도 여러 번 하였으나, 그 때마다 야생의 능력을 잃은 나의 귀여운 얼간이 붕어들이 오염된 수질이나 낚시나 그 물질에 견뎌낼 것 같지 않아 뜻을 이룰 수가 없었다. 나는 낚시 가서 붕어를 낚아 집의 연못에 집어넣은 나의 행위를 나무라는 심정이 되었다.

그러던 어느 날 이사를 앞두고 이들을 방생할 수 있는 마땅한 곳을 물색하던 차에 아내가 모교 숙명여자대학교의 본관 앞 교정에 조경을 위하여 조성한 큰 연못을 떠올렸다. 우리들은 그 연못에 넣자는 데 의견을 같이 하고 학교 당국의 승낙을 얻었다.

1983년 철쭉꽃이 한참 봄을 뽐내던 어느 토요일 오후에 나는 마당의 연못에서 물을 퍼내고 붕어들을 조심스레 살림그물에 옮겼다. 응급처치로 소형 산소발생기를 고기바구니에 부착하고 그곳에 붕어들을 넣고 차에 실어 숙대에 다다랐다.

비교적 한산한 숙대의 연못가에는 따사로운 봄볕이 부드럽게 부서지고 벚나무, 버드나무, 철쭉 등이 새싹으로 몸단장하여 주변이 연한 초록으로 아련히 그을려 있었다. 여기저기에 적당히 놓여 있는 벤치에는 삼삼오오 맑고 밝은 표정의 아리따운 여대생들이 토요일 오후를 담소하며 봄을 구가하고 있었다.

우리들은 기약된 평화로운 생존을 축복하면서 탐스러운 붕어들을 한 마리 한 마리 연못 속에 넣어주었다. 그들은 새 보금자리가 좋아서 꼬리치며 연못 속으로 사라져갔다. 나는 해묵은 숙원을 풀었고, 할 일을 하였다는 성취감에 젖어 마음이 무척 가벼웠으나, 하찮은 붕어들과의 헤어짐도 그 간에 얽힌 정의 흔적이 아려서 한동안 그곳을 떠날 수가 없었다.

10년의 세월이 흘렀다. 1993년 봄도 지나고 초여름의 녹음이 싱그럽던 어느 토요일 오후, 우리들은 두고두고 궁금했던 숙대 연못 속의 붕어를 확인하는 나들이를 하였다. 붕어 먹이를 사들고 들뜬 마음으로 소풍 가듯이 그곳에 다달았다. 연못이나 주변에는 예전과 별다른 변화를 느끼지 못하였으며, 여기 저기의 벤치에는 여전히 앳된 숙대생들이 모여 앉아 담소하며 한가로이 주말을 즐기고 있었다. 그들을 보면서 새삼 그 옛날 저렇게 앳된 숙대생이었던 아내의 모습이 떠오르고, 어느새 희끗희끗한 머리카락이 제법 눈에 뜨이는 요즈음의 아내의 얼굴을 보면서 유수와 같은 세월을 새삼 실감하였다.

우리들은 고요한 연못가에 서서 붕어 먹이를 뿌렸다. 몇 차례 뿌릴 때까지 잠잠하던 연못에 갑자기 활기가 일기 시작하였다. 여기저기서 다섯 여섯 치의 말쑥한 은빛 붕어들이 활발히 모여들었다. 먹이를 잽싸게 받아먹는 작은 붕어들 틈 사이에 제법 큰 붕어도 눈에 띄였고 생각지도 않은 금잉어도 몇 마리 함께 먹이를 받아먹는 것이 보였다. 붕어는 우리가 10년 전에 넣은 붕어의 후손이 틀림없으나, 금잉어는 학교에서 구색을 갖추기 위하여 넣은 것으로 추측이 갔다.

쩝! 쩝! 쩝! 쩝! 눈앞에서 먹이를 힘차게 받아먹는 귀여운 나와 사연이 있는 붕어들은 아내의 모교 연못에서 평화롭게 자손을 번식시키고 태평세월을 누리고 있음을 다시 확인하였다.

우리 부부는 해묵은 정으로 얽힌 붕어와의 인연을 올바르게 매듭지었다는 흐뭇한 안도감에 귀가길의 발걸음이 날 것같이 가벼웠다.

(1983)

킬리만자로 산록山麓

킬리만자로는 아프리카의 동쪽 인도양에 면한 케냐와 탄자니아의 접경에 위치하는 아프리카에서 가장 높은 산이다.

표고 5,895m로 꼭대기에 만년설을 이고 있다. 탄자니아령이지만 그 산록은 케냐 영내에 깊숙이 뻗어서 그곳에 광활한 관목림과, 잡초가 우거진 대초원을 이루고 그 초원은 동물들의 왕국을 형성하였으니 이름하여 마사일랜드라고도 한다.

마사이라는 말은 그 초원에 예부터 살고 있는 부족의 이름이다.

나는 작년(1984년) 10월, 구라파 여행을 거쳐 케냐에 들를 기회가 주어져 이곳에 3일간 머물면서 마사일랜드를 돌아보았다. 그곳에서 보고 느낀 생생한 기억들을 지금도 쉽게 지워버리지 못하고 있다.

케냐의 수도 나이로비에 내린 것은 10월 말이다. 적도赤道에 가까운 곳이지만 나이로비는 표고 1,400m의 고지대에 위치하여 일년 내내 우리나라의 봄이나 가을의 날씨 같다. 거리에는 여러 가지 꽃나무들이 눈에 뜨이는데, 그 중에서도 라일락과 비슷한 진한 보랏빛 꽃나무가 특히 인상적이었다. 우리 일행은 나이로비 관광을 뒤로 미루고 곧 사파리차에 몸을 실었다. 사파리차는 우리나라의 봉고차의 크기인데 운전석까지 합쳐서 열 명이 앉을 수 있게 꾸며졌고, 한 가지 특이한 것은 차의 천정이 뚜껑으로 되어 있어서, 동물 구경을 하거나 바깥 사진을 찍을 때는 그것을 열고 사람이 설 수 있게 된 점이다.

아스팔트길을 서너 시간 달리다가 그 길을 벗어나 비포장도로를 따라 흙먼지를 흠뻑 뒤집어쓰고 또 두세 시간 엉덩방아를 지겹게 찧고 나니, 저 멀리 초원 너머로 킬리만자로가 수줍은 듯이 얼굴을 구름에 가리고 육중한 몸체를 나타냈다. 구름 사이로 가끔 엿보이는 정상은 하얀 눈에 덮여서 더욱 신비롭게만 보였다. 숙소에 여장을 풀 사이도 없이 우리들은 사파리관광에 나섰다. 벌써 해가 서산에 기울고 있었다.

사파리관광이란 사파리차를 타고 동물들이 우글거리는 초원을 달리면서 자연 그대로의 동물 세계를 관광하는 것을 말한다. 이곳 케냐에서는 마사일랜드 일대에 세 개의 국립공원을 설치하고 국가에서 운영하고 있다. 즉 동물을 보호하고 숙박 시설 등에 투자하고 있다. 우리가 처음 간 곳이 '안보쎄리 국립

공원.'

사파리관광은 아침 해뜰 무렵과 저녁 해질 무렵에만 하는 것으로 되어 있는데, 그 이유인즉 그 시간에는 모든 야생동물들이 먹이를 찾아 총출동하기 때문이다. 그외의 시간에는 동물들이 별로 눈에 뜨이지 않는다는 것이다.

광활한 초원을 사파리차가 좁은길을 누비며 달렸다. 눈앞에 야생동물들이 나타났다. 한가하게 노니는 기린과 타조를 만났다. 코끼리가 어슬렁거리며 가까이에 와서는 도망치다시피 달아났다. 살찐 궁둥이를 가진 얼룩말은 한시도 가만히 있지 않고 꼬리를 좌우로 흔들어대곤 한다. 사슴, 노루 종류는 어느 것이 어느 종류인지 분간키 힘들 정도로 다양하다. 코뿔소가 새끼 한 마리를 데리고 저쪽으로 도망가는데 과연 그 근육형인 힘센 체구가 위압적이다. 그러나 이 초원은 평화롭지만은 않았다. 어느 모퉁이에서는 사자가 가엾은 사슴을 잡아 놓고 맛있게 입맛을 다시며 식사하는 광경이 보인다. 약 30m의 거리를 두고 한참 구경하였다.

사자가 동물을 잡아먹는 곳과 가까운 나무 위에는 어느 만화영화에서 봄직한, 마귀할멈같이 생긴 새까맣고 커다란 대머리황새들이 무리지어 있었다. 사자가 먹다 남기는 시체를 깨끗이 청소하기 위해서다.

이렇게 하여 이 마사일랜드에는 동물의 왕국이 이루어지며, 이곳 생태계도 약육강식의 자연의 섭리 위에서 그 평행을 유지

해 간다는 결론이 나온다. 물론 뒤끝의 청소까지도 깨끗이 이루어지는 것이다.

이튿날 아침에 다시 한 번 안보쎄리 국립공원으로 명칭되는 이곳 초원을 돌아보고 우리들은 '짜보 국립공원'으로 향했다. 호수와 늪이 있는 이곳에는 안보쎄리에서 보지 못한 악어와 하마가 있었다. 특히 수중에 설치된 관광용 유리집에 들어가서 개울물 속을 살폈다. 그곳에 우글거리는 월척 붕어와 흡사한 틸라피아의 떼를 보니 낚시꾼으로서 반갑기 그지없었다. 낚싯대가 있었으면 한 번 낚아 보고 싶은 심정이 굴뚝 같았으나 어림없는 일.

두 곳의 사파리관광에서 가장 행복하게 보였던 동물은 사자였다.

사자는 케냐정부가 보호해 주고 있으며, 사자가 잡아먹을 동물들은 얼마든지 널려 있다. 그래서 사자는 그때그때 구미에 맞는 눈앞의 동물을 마음대로 골라가며 잡아먹게 되어 있다.

여기저기에서 만난 사자가족들이 배불리 식사하고 풀밭에 누워 뒹굴며 오히려 관광객을 구경하듯이 쳐다보는 모습을 보면서, 케냐 북쪽에 접경한 '이디오피아'의 기아현실과 비교해 보았다. 사람보다 팔자가 늘어진 것은 행복한 킬리만자로 산록의 사자들이라고 생각지 않을 수 없었다.

마사일랜드에는 그 많은 동물들과 함께 예부터 마사이족이라는 인간부족들이 살고 있다. 그들은 그곳에 사는 동물처럼 현대문명을 철저히 등지고 그들 나름대로의 미신에 사로잡혀 그 테두리를 벗어나지 못한 채, 서산에 지는 해처럼 뉘엿뉘엿 사양의 운명을 아는지 모르는지 산너머로 비참하게 넘어가고 있는 느낌이다. 그들은 그 초원에서 약간의 사냥도 하고 소와 양을 치면서 소의 피와 살과 젖을 생식하며 살고 있다.

이들의 평균 신장은 173cm이니 건장한 편이다. 그러나 하나같이 깡마르고 살찐 사람은 한 사람도 보지 못했다.

피부는 암갈색이고 용모는 비교적 단정하다. 그러나 눈빛은 하나같이 선하게만 보인다.

동물의 가죽으로 아래위를 가리고, 흙벽으로 둘러싼 원시적인 집에서 살고 있다. 이들은 줄잡아 약 10만여 명이 된다고 한다. 그들은 표고 1,500~2,500m인 마사일랜드에서 건기乾期를 피하고 강우降雨를 따라, 저지대와 고지대를 오가며 소와 양 떼를 몰고 다니며 살아간다.

이들을 허락 없이 카메라에 담을 수는 없다. 렌즈를 통하여 자기들의 혼이 빨려 들어간다고 믿기 때문이다.

이들의 95%는 트라코마라는 무서운 안질에 시달리고 있었으며, 중장년이 되면 거의 실명하게 되어 있으나, 그 누구도 치료의 손길을 뻗칠 수가 없다. 그들이 배타적이어서 이를 받아들이지 않기 때문이다. 케냐 정부 당국도 방관 상태란다.

마사이부락에 들렀을 때, 그 충혈되고, 짓무른 눈으로 나의 시계와 자기의 창과 바꾸자고 애원하던 젊은 마사이전사의 모습이 지금도 눈에 선하다.

마사이의 전사는 15세가 넘으면 특별한 의식을 거쳐 전사가 된다. 그에게는 모든 마사이의 처녀에게 수시로 사랑을 요구할 권리가 있으며 언제나 어느 집에서나 식사 대접을 받을 권리도 있다. 그러나 그에게는 생명을 걸고 부족을 보호하고, 마사이가 아닌 다른 사람들이 가지고 있는 소를 정의의 이름으로 약탈하여야 하는 의무도 갖고 있다. 즉 그들은 마사이만이 소를 가질 절대적인 권리가 있다고 믿고 있다.

마사일랜드를 떠날 때 나는 병든 그들의 몸에 따뜻한 손길로 청진기를 대고 싶은 마음이 움트고 있음을 느꼈다.

(1985)

춘호연수春湖煙樹

동인 여러분!

언제나 건강하시고 가운의 융성을 축원드립니다.

어떻게 보면 요즈음 세상 돌아가는 양상이 워낙 각박하고, 소란스러워서 그 속에 살고 있는 우리들은 역겹고 불안해서 몸과 마음이 좀체로 풀릴 줄을 모릅니다.

그러나 그와 같은 소용돌이 속에서도 이 땅에 회생의 봄이 어김없이 미소지으며 찾아오고 있으니, 대자연의 섭리가 고맙게 느껴지며 목을 길게 하고 기다려집니다.

우선 꽃 피고 새가 우는 봄이 온다는 사실 그 자체가 이 사회의 이상기류에 휘말려서 답답하기 그지없는 우리들의 가슴에 숨통이 트이게 하는 아름다운 자연의 축복으로 받아들이고 싶습니다.

지금으로부터 약 10년 전에 나는 환자로부터 '春湖煙樹'라고 쓰여진 커다란 액자를 선물받았습니다. 해서체楷書體인데 소천小泉 선생의 필치가 마음에 들어서 고이 간직하고 있습니다.

춘호연수春湖煙樹를 나름대로 풀이해 보면 한문의 참맛을 음미하게 되고, 호숫가의 봄이 눈앞에 전개되어서 흐뭇한 시정詩情에 잠기게 됩니다.

'봄의 호숫가는 온통 나무들의 연한 황록색에 그을다시피 물들어서 정겹기만 하다.'

봄의 아름다움을 한결 더 느끼게 됩니다. 사람들은 아름다움을 느낄 때 행복할 수가 있습니다.

우리들은 이 나라 모든 사람들의 건강을 지키는 파수꾼입니다. 진료를 천직으로 알고 착하게 살아가는 어진 의인醫人들입니다. 우리들의 일상생활에는 보람도 있고 고달픔도 따르게 됩니다. 특히 근래에는 마음대로 되지 않는 억울한 일들이 눈앞에 산적해 있습니다. 슬기롭게 모든 일에 대처해 나가면서 한편으로는 우리의 건강과 행복을 위하여 아름다움을 찾는 일도 게을리하지 말아야 하겠습니다.

이 봄에 우선 연수煙樹에 아련한 춘호春湖를 찾아봅시다. 건강을 위하여 얼어붙은 몸과 마음속에 새봄의 활기를 불어넣는 일도 게을리하지 말아야 하겠습니다.

(1989)

88서울올림픽을 치르고

“사람이 살다보면 별난 것을 다 본다.”는 말이 있다.

내 나이도 회갑을 지났으니 이젠 어느 모임에 가도 늙은이 취급받게 된다. 조금 늙은 것이다.

돌이켜보면 그간 60평생을 살아오면서 별난 일들을 많이 겪었다.

죽을 고비를 대여섯 번 겪은 것을 위시하여 예기치 않았던 길흉도 당해보고, 상상도 못 하였던 손익損益도 겪었다. 즉 강도나 화재도 겪고, 사기도 당했다. 또 어쩌다 보니 넓다고 생각되었던 지구의 동서남북을 돌아보는 행운도 얻었고, 낚시를 좋아하다 보니 뜬귀신이 되어 우리나라의 시골 어지간한 소로까지 돌아다니며 낚시하고 잘 먹고 내깐에는 지극히 행복한 사람이 되기도 하였다.

그러나 지나온 나의 생애에서 가장 충격적인 사건을 몇 가지 들라면, 그 첫째가 18세 때 겪은 1945년 8월 15일의 일제로부터 광복과 처참한 6 · 25동란을 들 수 있고, 또 한 가지 1988년에 있었던 영광스런 88서울올림픽도 손꼽지 않을 수 없다.

나는 지난 88서울올림픽을 관전하며 몇 번 눈시울을 적셨다. 과거에 운동경기를 관전하며 이와 같이 뿌듯한 환희에 눈물을 흘려본 적이 없었는데, 나이 탓도 있겠다. 우리나라 젊은이들이 메달을 따고 분전할 때마다 가슴을 조인 끝에 나도 모르게 감격의 눈물을 삼키곤 하였던 것이다. 우리나라의 젊은이가 전세계 60억 인구 중에서 메달을 따다니 감히 어느 누가 그런 상상을 할 수 있었겠는가. 엊그제까지 보릿고개로 배곯던 젊은이가 이게 웬 말인가 싶어서 놀랬고, 세계지도를 펼쳐보면 쌀알만한 땅덩어리에 언제나 안쓰러운 마음을 금치 못하였던 나로서는 너무나 엄청난 우리 겨레의 쾌거에 가슴이 벅차서 환성이 터져나왔고, 그러자니 얼마나 뼈와 살을 깎고 오늘을 살아왔을까 하는 우리 선수들에 대한 위로의 정이 솟구쳐서 나도 모르게 선수들과 함께 울었다.

모든 금메달을 딴 선수들은 시합에 이겨서 한 번 울고, 기뻐서 이 사람 저 사람과 웃다가 다시 시상대에 올라서서 관중의 환호에 양팔을 치켜들고 힘 있게 답한 후 태극기가 올라가며 우리의 국가가 울리면 하나같이 다시 한 번 조용히 눈을 껌벅

거리며 양쪽 볼에 눈물이 흘러내렸다. 그 때의 눈물은 차라리 못살고 억압받은 과거의 서러움에 못 이겨 흐느끼는 눈물로 받아들여졌다. 나로서도 함께 울지 않을 수 없었다.

장하다! 대한의 아들 딸들이여!

멋지다! 세계 속의 대한민국이여!

이제 88서울올림픽을 계기로 우리나라가 머지않아 선진국으로 도약할 것은 의심의 여지가 없다.

돌이켜보면 살아 생전 독립국가로서의 빛을 보지 못할 것 같이 생각되었던 일제 압정 하에서 광복을 맞았고, 6 · 25의 모진 고난도 용케 극복하고, 올림픽 행사를 여유있게 치러낸 이 마당에 이제 우리의 양양한 앞날은 기약받은 것이다. 누구도 우리를 깔보지 못할 것이다. 아니 기적을 이룬 우리나라에 선망과 존경의 시선을 보내주리라고 믿는다.

무사히 올림픽 행사를 끝낸 우리나라의 앞날에 축복 드리는 마음이 되었다. 우리나라의 선진국으로의 도약이 눈앞에 보여서이다.

사람이 오래 살다보면 별 희한한 일도 다 본다는 말은 어김없이 여기에도 해당된다.

나는 우리나라의 밝은 앞날을 마음속에 그리며 이젠 이 세상에서의 노후를 흐뭇하게 보내게 될 것 같은 밝은 소망을 간직하게 되었다.

(1988)

안색이 훤합니다

우리가 이 세상을 살아가는 데 품위있는 언사나 행동은 남에게 호감을 줄 뿐만 아니라 자신에게도 즐거움을 안겨 준다.

품위있는 언사나 행동이란 지능이나 학식과도 무관하며, 아름다운 마음씨에서 터득되는 자연스런 멋이라 할 수 있다.

오랜만에 만난 사람과 대화를 나누는데 불쑥,

"얼굴빛이 왜 이렇게 나쁩니까." 또는

"그 동안 많이 늙으셨습니다."

"주름이 많아지고 머리가 많이 빠졌군요." 등등 상대방의 마음을 언짢게 자극하고도 태연스런 사람이 제법 많다.

그것도 건성 지나가는 말이 아니고 얼굴을 아래위로 뚫어져라 살피면서 무슨 큰 발견이나 한 듯이 '아이고' '저런' '쯧쯧' 따위의 감탄사까지 섞어가면서 하는 말일 때는 더욱 역겹게 보인다.

이런 행동은 동정도 아니고, 깨우쳐 주는 것도 아니고, 도대체 인사말치고는 너무나 예의에 벗어난 가혹한 행위로 여겨지며 전혀 세련되지 못한 단세포적인 언어 구사로 보여진다.

아무런 말이나 생각나는 대로 마구 내뱉는 사람은 정신위생상 할 말을 모두 하니까 지극히 상쾌하고 행복할는지는 몰라도 듣는 상대에게는 부담스런 존재로 취급받게 마련이다.

자연 언짢은 표정이나 멀리하는 눈치가 있을 수 있고, 그렇게 되면 그런 말을 함부로 던진 사람은 말의 제동이 잘 걸리지 않는 자신이 미워질 때도 있을 것이다.

우리들은 서로 바쁘고 고달픈 인생살이에 시달리고 있다고 말할 수 있다. 내 주변 생활만으로도 바쁜 판국에 다른 사람이 나의 좋지 않은 안색을 들추어내서 불쾌하게도 늙었다, 노랗다, 파랗다고 나쁜 점을 지적하는 행위는 마치 못생겼다, 추하다, 보기에 형편없다는 말과 상통하는 것으로서 교양이 없는 소치로 여겨진다.

안색이 나쁘거나 늙었거나 본인은 벌써 알고도 남음이 있는 사실인데, 새로운 비밀정보나 제공하듯이 아픈 데를 마구 건드리고 크게 걱정하는 척하는 미욱한 언사는 지성인답지 못한 것이라 하겠다.

그런 사람들은 마음으로부터 알뜰한 정을 주고받을 수 있는 친구를 가질 자격이 없다. 대개의 경우 언어의 구사만이 아니고 만사에 세련되지 못하고 멋이 없고 머리 회전이 잘 되지 않거나, 고약스런 사람들이니 말이다.

설사 아무런 저의 없이 한 마디 던진 말이라도 이런 행동은 버릇이 될 수 있으니 조심하는 것이 바람직하다.

진료실에 앉아서 환자를 대하노라면 노이로제 환자가 유난히 많다.

노이로제 환자는 마음의 병으로 자기자신의 건강을 지나치게 염려하는 경향이 있다.

다른 사람이 "당신 얼굴색이 나쁩니다."라는 한 마디만 해도 최면술에 걸린 것처럼 죽음에 대한 불안과 공포로 자나깨나 거울 앞을 맴돌다가 의사를 찾는 수가 있다.

"선생님, 남들이 나를 보고 안색이 나쁘다는데……."

이와 같은 말을 호소하는 많은 환자를 대할 때, 나는 우리의 주변에서 심심치 않게 볼 수 있는 타인건강 염려증(?)을 가진 사람들이 바로 그 환자의 병원체病原體임을 상기하고 쓴웃음이 나온다.

말 한 마디가 상대방에게 병을 줄 수도 있다는 실례實例를 보는 마음은 결코 가볍지가 않다.

우리들은 서로를 위하여 나 자신의 언행에 아름다움과 품위를 가꾸는 노력을 아끼지 말아야 하겠다.

품위는 세련이나 멋으로 통한다.

그것은 우선 대화에서 나타나며, 멋있는 대화란 결코 상대방의 마음이나 귀에 불쾌감을 주지 않는다.

우리들에게는 살아가며 생각하고 생각하고는 다시 살아가는 진지한 태도가 간절히 요망된다.

"안녕하세요. 안색이 훤합니다. 요즈음 좋은 일이라도 있으십니까."

밝은 목소리로 이와 같은 인사를 받으면 누구나 기분이 좋다.

(1983)

권투

운동경기의 관전觀戰 중에서 가장 흥분하고 무아지경에 도달하는 것이 권투경기라고 말할 수 있다.

권투는 그 운동 자체가 격렬한 만큼 보는 사람에게도 처절한 긴박감을 자아내게 한다.

일반적으로 만사에 소극적인 여성은 레슬링이나 권투의 관전을 즐기지 않으나, 세상 남자치고 권투경기의 관전을 싫다고 하는 사람을 별로 본 일이 없다. 그것은 이 세상 남성들이 살아가는 그 생활 자체가 권투와 일맥상통하는 투쟁의 연속일 수도 있고, 권투 속에 담겨 있는 애환이 바로 우리들 인생길에 가로수처럼 줄지어 기다리고 있는 애환과 흡사할 수 있기 때문이다.

"땡!" 시작의 종이 울린다. 앞으로 3분간의 사투를 알리는 종이다.

치고 얻어맞고ㅡ. 얻어맞아서 아프다고 등을 돌리고 도망칠 수도 없다.

4각의 링은 너무나 좁으며 어느 구석에도 숨을 장소는 없거니와 조금이라도 아픈 표정과 지친 꼴을 상대에게 보이기만 하면 저쪽에서는 기고만장 더 아픈 주먹을 휘둘러대며 다가온다.

심판의 등뒤에 숨으면, 싸움을 붙이는 심판이지 싸움을 말리는 심판이 아닌지라 싸울 의사가 없다고 판단하여 KO패로 몰아부친다.

세상에 남의 집 불구경과 싸움구경만큼 재미나는 것이 없다는 말이 있다.

권투를 좋아하는 뭇사람들의 심리 속에는 틀림없이 이 같은 마음도 작용하리라 보며, 그런 의미에서 본다면 나를 위시하여 이 세상 남자들은 하나같이 남의 싸움구경을 좋아한다는 점에서 실없는 사람들이며, 결코 완전한 선인善人 또는 성인聖人이 되기엔 이미 틀린 사람들이라고 보아야 하겠다.

나의 권투광拳鬪狂 경력은 25년이 된다.

우리나라가 일제에서 해방이 되고, 국내외에서 활약하던 복서들이 기라성처럼 권투계에 등장하였으니, 그 때의 그 멤버는 쟁쟁하였다.

상해에서 이름 떨치던 사람, 비율빈에서 명성을 날리던 사람, 일본에서 무적을 자랑하던 친구, 또 순토종의 고추같이 매운 복서 등등이 벌이는 권투경기가 며칠이 멀다하고 서울운동장의 특설링에서 거행되었다. 그때 20대의 젊은 혈기를 가눌 길 없던 나는 사정이 허락되는 범위 안에서 열심히 풋밤굴에 생쥐 드나들 듯 이곳에 찾아들었다.

더욱이 해방 직후라 정복수, 박형권, 송방헌 등 눈에 선한 역사적인 명복서들의 시합도 볼 만하였지만, 이 사람들이 때려눕히는 상대가 외국인인 경우는 동족의식 또는 민족감정이 작동하여 얼마나 시원하고 후련했는지 그 맛에 더욱 권투관전에 열을 올렸다.

그 후 지금까지 웬만한 커다란 권투경기는 거의 빼지 않고 봐 왔는데, 역시 권투관전 중에서도 가장 인상 깊은 것은 세계정상에 도전하여 챔피언 자리를 따내는 장면이었으며, 김기수, 홍수환, 유제두는 그런 의미에서 나의 머릿속에 기억되는 훌륭한 복서들이다.

권투는 틀림없는 운동경기 중의 하나. 그러나 다른 운동과는 엄연한 차이가 있다. 그것은 바로 상대방을 잘 치고 때려야만 이기고, 그 반면에 많이 얻어맞으면 지는 경기다. 때려서 이겼을 경우는 별로 문제가 되지 않겠으나, 맞고 지는 경우는 심지어 뇌진탕으로 사망하는 수도 있으니 어떻게 보면 너무나 잔인하고 비참한 경기라고 할 수 있다.

이와 같은 점을 감안한다면 권투선수가 되기 위해서는 몇 가지 구비조건이 선행되어야 하겠는데, 특히 생명보존을 위해서도 특수한 소질을 가진 사람만이 이 직업을 택해야 한다고 생각한다.

우선 운동신경이 고도로 발달되어 있어야 하겠다. 체격이 좋고 살집이 있고 힘이 세다고 누구나 할 수 있는 운동은 결코 아니라고 본다.

웬만한 펀치는 웨빙으로 반사적으로 피할 수 있는 운동신경, 이것은 권투연습 이전에 갖고 있어야 할 문제다. 우리들이 권투관전에서 흔히 보는 소질 없는 사람, 그래서 딱하도록 잘 두들겨 맞는 사람, 그러다보니 얼마간의 권투선수 생활에서 코는 납작하게 짜부러지고 눈두덩은 굳은살로 엉키고 눈은 일그러져서 인상이 어느 영화에서나 볼 수 있는 험상궂은 악한처럼 변하는 따위의 운동신경이 둔한 사람은, 처음부터 권투선수 생활을 하지 말았어야 한다고 생각한다.

이런 사람은 시합에서 두들겨 맞고 그 대가로 돈을 받는 직업을 가졌다고 본다면, 너무나 인생이 처참하게 보여서 가엾기 그지 없다.

나는 이와 같은 사람들의 권투시합을 관전할 때 복잡한 연민의 정을 느끼며, 제발 다시 링을 밟지 않도록 지도해 주는 방법이 없을까? 하며 혼자서 고민스레 생각할 때가 있다.

각 체급의 세계 챔피언들의 얼굴을 생각해 본다. 어느 누구의 얼굴을 보아도 몹시 일그러지고 추악하게 보이는 얼굴은 없다. 모두 산전수전, 격렬한 권투시합을 수없이 많이 겪었건만 코도 납작해지지도 않았다. 그런 대로 미끈하고 단정한 얼굴들인 것이다.

두들겨만 맞아 가련한 사람, 추악한 얼굴로 변모하는 사람, 그런 사람들의 시합을 보기 위해서 나는 권투관전을 좋아한다고는 결코 말하지 않는다.

권투경기란 어디까지나 스포츠이며, 스포츠가 되기 위해서는 소위 선수들 사이에 멋진 한 판 승부가 있어야 하겠으며, 그러자니 운동신경도 남달리 발달하고 기량도 제대로 닦여져 있어서 서로 손에 땀을 쥐게 하는 멋진 경기가 이루어져야 할 것이다.

요즈음은 모든 운동경기의 대선수를 키우기 위해서 선진국에서는 어려서부터 훈련을 쌓는다고 듣고 있다.

우리나라도 권투선수를 양성하려면 어려서부터 소질을 점검하고 집중적인 훈련을 가하면 좋은 성과를 거둘 것으로 생각한다. 특히 어려서부터 양쪽 팔의 힘과 사용 능력이 똑같도록 수저도 교대로 잡고, 공 던지는 것도 양쪽의 힘이 같게 키우면 완벽한 복서가 되리라고 믿는다.

그렇게 자란 권투선수는 잽도 마음대로 정확히 넣을 수 있겠고, 스트레이트나 훅, 또는 어퍼컷도 양쪽 자유자재로 강하게 날릴 수 있겠으며, 더욱이 운동신경도 고도로 발달한 터이라 천하무적의 훌륭한 선수가 될 것이라고 확신한다. 그런 복서가 하는 시합은 경기 내용도 스포츠답게 깨끗하고, 두들겨 패고, 맞고, 일그러져 뒷맛이 개운치 않은 어떤 무지막지한 싸움구경이 되지 않아서 좋겠다고 새삼 생각할 때가 있다.

오래 가지 못하는 우리나라 복서의 세계챔피언을 안타깝게 생각하며, 권투를 좋아하다 보니 이제 권투지에 기고할 기회도 갖게 된 것을 기쁘게 생각한다.

마지막으로 내가 권투에 흥미를 느끼고 권투를 아끼고 좋아하는 이유를 한마디로 표현하라면 지금도 그 대답은 막연할 수밖에 없다.

그러나 굳이 여기에 결론을 내려본다면,

'권투는 남성적이고 여러 가지 스포츠로서의 규율이 엄격하게 존재하고, 정정당당하게 승자가 가려진다는 데에 매력을 느끼며, 그 속에 묻혀 있는 처참한 고독과 갈등과 인내와 그리고 쓰라림과 환희가 너무나 벅차고 소중한 것으로 느껴져서'라고 표현하겠다.

(1976)

마음놓고 잡수세요

근래에 일간지들이 의학에 관한 기사를 비중을 두고 친절하게 다루는데, 그 중에서도 음식물에 대한 상식을 어느 구석에서 끄집어냈는지 용케도 눈에 띄게 많이 소개한다.

'담배를 피우면 암이 생긴다.' 이크!

'술을 마시면 간이 나빠진다.' 이거 안 마실 수는 없고, 켕기는데?

'계란에는 콜레스테롤이 많다.' 에그 프라이는 다 먹었구나!

'탄 불고기나 갈비를 먹으면 위암에 걸린다.' 불고기나 갈비의 진미는 숯불에 구워야 맛있는 법인데, 하필이면 유독 숯불에 끄을은 부분이 가장 위험하다니 야단났다.

'바다 생선이나 쌀에서도 수은水銀 성분이 검출되었다.' 이제 차차 비린내도 못 맡고 심지어 주식도 쌀이 아닌 다른 것으로 바꾸어야 할 시대가 오는가 보다. 어느 생선, 어느 쌀이 공업지대의 폐수로 오염이 되었는지, 생선이나 쌀에는 메이커 표시도 없고 생산지도 알 수가 없으니 말이다.

한편 먹어도 좋다는 음식물을 보면, 온갖 푸성귀나 한약재다. 대추는 어디에 좋고 시금치가 어느 병에 좋고 도토리나 밤은 어떻고, 도대체 사람이 토끼나 다람쥐처럼 먹고 살아야 오래 살고 병에도 걸리지 않는다는 의미로 받아들여질 때가 많다. 이러다간 먹을 것이 없겠다. 어느 동요에 나오는 구절처럼.

— 깊은 산 속 옹달샘……
물만 먹고 살지요……

사람이 먹지 않고 살 수만 있으면 오죽 좋을까만 입이 있어서 그럴 수도 없고, 나쁘다는 것을 알면서도 먹자니 마음이 심히 불편하다. 삼수갑산三水甲山에 갈 망정 눈앞의 맛있는 음식을 먹고 보자니 막상 삼수갑산 생활이 머릿속에 지겹게 맴돈다.

이러자니 불안하고 저러자니 불안하니 소심한 사람으로서는 노이로제도 걸린다.

"의사선생님, 어느 신문에서 봤는데, 들깨에다 꿀을 섞고 참기름을 치고 무엇을 어찌 재서 먹으면 좋다는데……."

참 처방이 복잡하기도 하다. 요즈음 의사도 모르는 식이요

법을 환자가 가르쳐 준다.

이와 같은 환자를 대할 때 나는 곧잘 다음과 같은 대답을 한다.

"그렇게도 복잡한 음식을 공들여서 찾아 먹지 말고 밥상 위의 모든 반찬에 골고루 수저를 대시오. 우거지에는 우거지로서의 먹을 가치가 있는 법이오."

또 환자가 무서워하는 음식물에 대해서는

"마음놓고 잡수세요. 하나의 막연한 해害를 보고 열 개의 확실한 이利를 놓치겠습니까."

(1978)

나는 님을 좋아한다

우리나라 사람들은 님이라는 말에 익숙해 있다. 님은 사모하는 사람에게 흔히 쓰이는 우리나라 고유의 고운 말인 동시, 남의 이름이나 어떠한 명사 밑에 붙여 존경의 뜻을 나타내는 듣기에도 부드러운 아름다운 말이라 할 수 있다.

우리들은 일상생활에서 님이라는 말을 인색하지 않게 적절히 사용함으로써 대화의 분위기를 부드럽게 가꾸게 된다.

아버님, 어머님, 누님, 형님 심지어 아우님이란 말도 들릴 때가 있다.

선생님, 교수님, 선배님에서 님자를 빼면 선생 교수 선배가 되는데, 이렇게 존칭도 없이 부를 수 있는 경우란 상대가 허물없는 동료이거나 아니면 후배인 경우가 되겠다.

회장님, 사장님, 총무님은 물론이고, 장관님, 총재님, 과장님, 계장님도 님의 호칭이 잘 어울린다.

님자는 심지어 밤하늘에 홀로 떠서 세상을 쓰다듬다시피 은은히 비치는 밝은 달을 보고 달님이라고 불러도 저항을 느끼지 않는다.

나는 수 년 전부터 편지 겉봉투에 사람 이름을 쓰면서 아무개 귀하 대신 아무개 님으로 쓰게 되었다.

귀하라는 말도 사용해서 나쁠 것은 없겠으나, 어디인지 어감이 딱딱하고 친근감이 없어 관례적이고 사무적인 편지에만 국한해서 사용하게 되었다.

과거 한때엔 씨氏라는 말도 성이나 이름 밑에 붙여 존대한다는 뜻으로 제법 사용되던 시기도 있었으나 근래에는 존대어로는 쓰이지 않고 손아랫사람에게 쓰이는 경향이 있다. 뚜렷한 학위나 직위 또는 존칭을 가진 사람에게 함부로 사용할 말이 아닌 것이다.

사람들이 타인에게 책이나 물건 따위를 선물할 때 상대방의 이름 아래에 어떠한 존칭을 사용할 것인지 망설여질 때가 있다. 그럴 때 나는 남녀노소를 불문하고 님이라는 글자를 서슴없이 사용한다. 님자에는 나의 따뜻한 정이 담뿍 그것도 가식없이 실려 있는 것같이 느껴진다.

또 나는 일상생활에서 상대방의 직함과 동시에 님이라는 존칭을 붙여서 부르는 데 인색하지 않는다. 그런 데서 대화 속에 마음의 평온이 깃든다.

사회생활을 하다 보면 우리들은 주변에서 남을 칭찬하거나 남에게 존칭을 사용하는 데 지극히 인색한 사람을 대한다. 그와 같은 사람과 대화를 나누고 있노라면, 다듬어지지 않은 거치른 인간성이 거슬리고, 머리의 회전이 둔한 사람으로밖에 인식이 가지 않아서 곧 혐오감이 생긴다. 정신의학적으로 보아도 사람이 사람다울 수 있는 정동(情動)이 제대로 순화되지 않아서 다른 사람이 어떻게 느낄 것인지도 모르고 자기 자랑만 늘어놓는 사람이 그럴 수 있다. 특히 노인에게서 이와 같은 현상이 두드러질 때에는 노쇠현상으로 뇌의 구조가 경화쇠퇴된 증거로 볼 수도 있을 것이다.

남을 위하고 남에게 잘 보인다는 사실은 나의 마음에 평온을 가져오고 나를 위하는 길일 수 있다.

나를 위해서도 남을 도와주고, 남이 잘한 일에는 찬사를 아끼지 말고, 더구나 남이 가지고 있거나, 받아서 마땅한 명예로운 직함이나 존칭을 사용하는 데 결코 인색하지 말아야 한다고, 나는 마음속에 다지고 있다.

나는 님을 사랑하고, 님자를 좋아한다.

더불어 사는 사회에서 누가 행복한가

이 세상에서 내가 가장 좋아하고 존경하고 아끼는 사람은, 따뜻한 정을 가지고 남에게 그 정을 아낌없이 주는 사람이라 하겠다. 그러한 사람다운 사람을 나는 주변에서 때때로 만난다.

따뜻한 정을 가진 사람을 대하면 언제나 부담이나 저항을 느끼지 않는다. 그러한 사람과는 만나서 기쁘고, 함께 작업을 하거나 거닐거나 식사를 하여도 즐겁기만 하다. 그런 사람에게는 무엇이든 도와주고 싶고 때에 따라서는 나의 모든 것을 아낌없이 주고 싶어지기도 한다.

남에게 따뜻한 정을 주는 사람은 남에게서 따뜻한 정을 받을 수 있는 사람이어서 행복한 사람이라고 말할 수 있다.

아버지가 자식에게 주는 정을 부정父情이라 한다. 어머니의 따뜻한 정은 모정母情이고, 친구 사이의 정은 우정友情, 사랑하는 사람의 정은 연정戀情 또는 애정이라 한다. 또 특별한 지면이나 친교가 없어도 타인에게 베풀어지는 정을 인정仁情이라 하는데, 흔히 약자에게 보내지는 따뜻한 정을 말하며 사람이 사람다울 수 있는 정을 뜻한다.

사람들이 이와 같이 색깔이 다르고 종류가 많은 정을 경우에 따라 상대방에게 아낌없이 주면, 그 정이 메아리쳐서 다시 돌아오는데, 이 때에 더불어 사는 사회에 사는 보람을 느끼고 행복할 수가 있다.

우리는 흔히 주변에서 개인주의라고 손가락질을 받는 이기주의에 물든 사람을 볼 때가 있다. 저만을 위하여 다른 사람은 안중에 없는 사람에게 주어지는 호칭이다.

그런 사람은 가정이나 직장이나 또 그 어느 모임에서도 잘 어울리지 못하고 버림받으며 다른 사람의 정을 받지 못하니 불행한 사람이 될 수 있다.

사랑을 많이 받고 싶어하는 것은 인간의 본능에 속한다. 또 많은 사랑을 받고 자란 사람의 성격이 원만하며 그런 사람은 더욱 사랑을 받게 마련이다.

어려서 부모형제의 사랑을 제대로 받지 못하고 자란 아이는 자폐증에 걸릴 수 있다. 말할 나이가 되어도 다른 아이들처럼 말을 잘 하지 못 하고 커가면서도 열등의식에 사로잡혀 눈치나 살피는 무능아가 되거나 공격적인 사람이 될 수도 있다.

많은 형제들 사이에서 자라는 아이들이 부모의 사랑을 조금이라도 더 받으려고 서로 경쟁하며 애태우는 모습을 흔히 보는데 이와 같은 사랑의 갈구는 인간의 본능에 속한다.

이기주의란 자기를 사랑하는 마음에서 비롯되는 사상이라고 본다면 별로 나무랄 수 없는 지극히 자연스런 사상이라 할 수도 있다. 그러나 자기 혼자서 사는 세상이 아니고 더불어 사는 우리들의 사회를 생각한다면 결코 좋게 받아 줄 수 없는 사상이라 할 수 있다. 즉, 자기 사랑은 모든 동물이 가지고 있는 본능 그대로여서 사람이 사람다울 수 있으려면 어느 정도의 본능의 자제와 승화가 뒤따라야 할 때가 많이 있다.

가정에서 자기밖에 모르는 아버지나 어머니를 어느 자식이 존경하고 사랑하겠으며, 이웃을 안중에 두지 않고 제멋대로 자기 이익만 추구하는 가정을 어느 이웃집에서 좋겠다고 하겠는가?

직장에서 이기주의에 물든 사람이 끼어 있어서 분위기가 파괴되고 더불어 살 수 없는 직장이 되는 예를 우리들은 흔히 본다. 그런 부류의 사람은 우리들의 인간사회에서 불행해져도 할 말이 없는 존재라 하겠다.

사람이 이기주의를 배척하고 남을 위하는 아름다운 심성을 갖는다는 것은 자랄 때의 환경, 교육 그리고 어느 정도의 천성과도 관계되는 것이라 하겠다.

특히 산업사회가 이룩되고 물질문명이 발전되면 거기에 따라서 집단이나 개인의 이기주의는 팽배되고 이 사회는 그런 면에서 어지럽고 보기 흉한 사회로 전락할 수 있다.

더욱이 앞으로의 우리 가정은 자녀를 제한하여 하나 또는 둘밖에 갖지 않는 핵가족시대로 되어 가고 있다. 즉 집집마다 외아들이고 외동딸의 시대가 되는 것이다.

하나밖에 없는 자식을 가진 부모는 자칫하면 교육에 눈먼 어리석은 부모가 되어 자식에게 맹목적인 사랑을 베풀 수가 있다. 선과 악을 제대로 가리지 못할 무조건의 사랑을 받고 자라는 아이가 올바른 가치관을 가질 수 없는 것은 당연한 이치라 하겠다. 그러한 아이에게서 인간의 고등감정에 속하는 겸손이나 남을 위한 아름다운 인간성을 바라는 것은 쉬운 일이 아닐 것으로 생각된다. 우리들은 앞날의 더불어 사는 세상에서 우리들의 후손들이 편하게 행복하게 살 수 있도록 하기 위하여 교육을 게을리하지 말아야 할 줄 안다.

모든 세상 사람들은 행복하게 살기를 원한다.

그렇다면 어떻게 살면 행복할 것인가?

사랑을 많이 받는 사람이 행복하다. 그렇다면 어떻게 하면 사랑을 많이 받을 수 있을까?

나의 사랑을 남에게 아낌없이 줄 때 그 사랑은 메아리쳐서 나에게 돌아온다. 즉 많은 사랑을 받을 수 있는 방법이 이것이다.

이러한 간단한 이치를 확실히 알고 생각하고 실천하며 살아가도록 우리의 후손들의 행복을 위하여 알려주는 노력을 우리들은 아끼지 말아야 하겠다.

(1995)

▩ 연보

•약력

1928년 2월 22일 함경남도 신창에서 의사醫師 한병만韓秉萬과 이시돌李時突의 3남2녀 중 2남으로 태어나다.

1935년 신고산소학교에 진입학.

1936년 함남 이원군 차호遮湖소학교 2학년에 전학.

1938년 함흥咸興 금정金町공립소학교 4학년에 전학. 공의公醫로 전근 다니는 아버지를 따라 3개 소학교를 전전함.

1941년 함남공립중학교咸興高普 입학.

1945년 광복되던 해 3월에 함남중학교 4학년 졸업.

1945년 함흥 신흥정공립소학교 촉탁교사. 18세의 앳된 선생님이 되어 4학년을 담임함.

1945년 8 · 15광복을 맞아 학생들에게 한글과 애국가를 깨우쳐주고 10월에 교사 사직. 부모형제들과 가까운 시일 내에 서울에서 상봉키로 언약하고 단신 월남.

1946년 서울대학교 의과대학 예과에 입학.

1948년 서울대학교 의과대학 학부 진학. 그로부터 가정교사, 자취, 하숙생활 등 고된 고학생활이 시작됨.

1949년 서울대학교 연극부원이 되어 대학연극제에 출연. 〈인조인간〉의 헬미엘 박사역을 맡음. 또 대학연극경연대회에 〈베니스의 상인〉의 젊은 사관 밧사니오역으로 시공관市公館 무대에 서다.

1950년 6 · 25 전쟁을 의대 학부 3학년 때 겪음.

1952년 4월 서울의대 학부 졸업.

1952년 9월 육군 군의관 중위 임관(군번 215614). 그 후 6 · 25 종군.

1955년 4월 11일 숙명여대 출신인 김명희金明姬와 결혼.

1960년 2월 육군에서 만기제대.

1960년 10월 서울 동대문구에 개인병원 개설. 서울대학원에 등록.

1961년 12월 장녀 유미由美 탄생.

1962년 3월 서울대 의대 외래강사.

1962년 10월 우석의대(현 고려대의대) 시간강사.

1964년 서울대학교 대학원에서 의학박사학위 받음.

1965년 서울의대 외래조교수.

1966년 박득순朴得錞 화백에게 서양화수업.

1967년 서울대 의대 외래부교수.

1968년 제주도 서귀포에 '서울대학교 풍토병 연구소'를 사비로 설립. 서울대학교에 무상으로 임대.

1971년 3월 우리나라 최초의 낚시 월간인 ≪낚시春秋≫창간 발행인(현재 고문).

1977년 서울의대 외래교수.

1977년 한국수필문학진흥회 부회장.

1979년 한국문인협회 회원.

1980년 미국을 시작으로 그 후 매년 약30일간 해외여행.

1981년 수필문우회 회원.

1986년 한국낚시진흥회 회장(현재 명예회장).

1992년 재단법인 심경문화재단心耕文化財團 이사.

1999년　2001년까지 3년간 ≪季刊隨筆≫ 표지화 그림.

2001년　'성숙한 사회 가꾸기 모임' 공동대표.

•저서 : 수필집

≪魚信을 기다리며≫(1976) 공저

≪八字섬의 메뚜기≫(1978)

≪한형주의 붕어낚시≫(1978)

≪사랑과 미움의 歲月≫(1988)

≪물 같이 바람 같이≫(1997)

≪2 그리고 나≫(2002)

현대수필가 100인선 · 54
한형주 수필선

세월을 낚다

초판인쇄 | 2009년 5월 20일
초판발행 | 2009년 5월 25일

지은이 | 한 형 주
펴낸이 | 서 정 환
펴낸곳 | 좋은수필사

주 소 | 서울시 종로구 익선동 30-6
운현신화타워 빌딩 3층 305호
전 화 | 02)3675-5635, 063)275-4000
등 록 | 1984년 8월 17일 제28호
홈페이지 | http://www.shin-a.co.kr
e-mail | essay321@hanmail.net

값 7,000원

ISBN 978-89-5925-323-4 04810
ISBN 978-89-5925-247-3 (전 100권)